中国宪法解释制度源流考

Why Not American-Style Judicial Review?
The Origins of China's System

牟宪魁 ◎ 著

中国政法大学出版社

2023·北京

声 明　1. 版权所有，侵权必究。
　　　　2. 如有缺页、倒装问题，由出版社负责退换。

图书在版编目（CIP）数据

中国宪法解释制度源流考 / 牟宪魁著. —北京：中国政法大学出版社，2023.12
　ISBN 978-7-5764-1335-9

　Ⅰ.①中⋯　Ⅱ.①牟⋯　Ⅲ.①中华人民共和国宪法－法律解释－研究　Ⅳ.①D921.05

中国国家版本馆CIP数据核字(2024)第030588号

书　名	中国宪法解释制度源流考 ZHONG GUO XIAN FA JIE SHI ZHI DU YUAN LIU KAO
出版者	中国政法大学出版社
地　址	北京市海淀区西土城路25号
邮　箱	fadapress@163.com
网　址	http://www.cuplpress.com（网络实名：中国政法大学出版社）
电　话	010-58908435(第一编辑部) 58908334(邮购部)
承　印	固安华明印业有限公司
开　本	880mm×1230mm　1/32
印　张	5.5
字　数	138千字
版　次	2023年12月第1版
印　次	2023年12月第1次印刷
定　价	39.00元

序/Preface

汉密尔顿曾言:"解释法律乃是法院的正当与特有的职责。而宪法事实上是,亦应被法官看作根本大法。所以对宪法以及立法机关制定的任何法律的解释权应属于法院"。这一思想在1803年马歇尔大法官的判决中得到重述,从而奠定了法官释宪、司法审查的美国式宪法解释制度的传统。这一思想也影响到了东亚地区。早在民国初年,就有学者主张宪法解释权应归属于法院,期待法院成为宪法的守护者,但这种汉密尔顿式的司法释宪理想一次又一次与宪法改革失之交臂。

北洋政府的大理院、国民政府的最高法院的判决例和解释例以及后来司法院的解释例之中,有不少援引了临时约法、新约法或训政时期约法的规定。这些宪法解释或者是援引宪法规范重申人民的权利,或者是补充宪法规范之不足,有的甚至宣告地方政府的行政命令违宪无效,但其宪法保障功能基本上处于休眠状态。

为什么美国式宪法解释制度(法官释宪、司法审查模式)未能在当时的中国开花结果?这段历史对于后人具有什么意义?为了探究这个问题,笔者以北洋政府时期、国民政府时期的司法体制和制宪构想为切入点,寻找阻碍司法释宪可能性的深层原因。

本书是教育部人文社会科学研究项目"近代中国宪法解释制度研究"的成果,其基础是笔者2004年提交山口大学的博士论文的序章和第一章。博士论文 2009 年在成文堂出版，后来笔者又将一些想法和内容补充到中文译本，在两岸陆续发表过若干文章，感兴趣的读者可以找来阅读，其中几篇修订增删后，结集收入本书。期待读者们通过本书，对宪法的思想和实践有新的思考。

  在此，笔者将本书献给在学术上给予我指导和栽培的各位前辈老师、在家庭生活中给予我关爱和帮助的岳父母，并表达敬意和感谢！本书的出版承蒙中国政法大学比较法学研究院解志勇院长、中国政法大学出版社阚明旗副社长的帮助，还有艾文婷编辑、陈欧编辑的精心编校，在此一并表达诚挚的感谢！

牟宪魁

2023 年 5 月于北京

目录/Contents

要 述 … 1

第一章 违宪审查制度的构造与功能 … 6
　一、违宪审查制度的意义与构造 … 6
　二、违宪审查制度的导入与司法制度的课题 … 11
　三、违宪审查制度在转型期的功能 … 18

第二章 北洋政府时期的司法权与宪法解释制度 … 24
　一、大理院体制的形成 … 24
　二、大理院的角色与大理院体制的问题 … 30
　三、关于司法权的制宪构想 … 38
　四、司法释宪的可能性 … 44
　五、小结 … 48

第三章 国民政府时期的司法权与宪法解释制度 … 50
　一、司法院体制的形成 … 50
　二、司法院的角色与司法院体制的问题 … 56
　三、关于司法权的制宪构想 … 63
　四、司法释宪的可能性 … 73

五、小结　　　　　　　　　　　　　　　　　78

第四章　大法官释宪制度在近代中国的形成及其初步实践　80
　　　一、关于司法院与大法官释宪制度的宪法构想　　80
　　　二、司法院组织法修改后的司法院与大法官释宪制度　89
　　　三、大法官释宪制度的实施及其特征　　　　　　92
　　　四、结语：近代中国宪法解释制度的曲折发展及其启示 98

附　录
　　　各章原载一览　　　　　　　　　　　　　　　100
　　　Why Not American-Style Judicial Review?　　101
　　　司法権観念の中国的特質　　　　　　　　　　137

参考文献　　　　　　　　　　　　　　　　　　161

详细目次 /Detailed Contents

要　述	1
第一章　违宪审查制度的构造与功能	6
一、违宪审查制度的意义与构造	6
二、违宪审查制度的导入与司法制度的课题	11
三、违宪审查制度在转型期的功能	18
第二章　北洋政府时期的司法权与宪法解释制度	24
一、大理院体制的形成	24
1. 近代司法制度的导入	24
2. 欧陆型司法制度的确立	26
3. 国会制宪的挫折	27
二、大理院的角色与大理院体制的问题	30
1. 大理院的角色	30
2. 法令统一解释制度的特征	32
3. 司法权（法官）独立的现实问题	34
三、关于司法权的制宪构想	38
1. 司法权的范围	38
（1）宪法解释权	38
（2）行政裁判权	40

　　　　2. 司法的观念　　　　　　　　　　　　　　42
　　四、司法释宪的可能性　　　　　　　　　　　　44
　　　　1. 从宪法解释制度看司法制度的课题　　　44
　　　　2. 大理院宪法解释的特征　　　　　　　　46
　　五、小结　　　　　　　　　　　　　　　　　　48

第三章　国民政府时期的司法权与宪法解释制度　50
　　一、司法院体制的形成　　　　　　　　　　　　50
　　　　1. 大理院的设立　　　　　　　　　　　　50
　　　　2. 最高法院的设立　　　　　　　　　　　52
　　　　3. 司法院的设立　　　　　　　　　　　　52
　　　　4. 训政时期约法的制定　　　　　　　　　53
　　　　5. 五权宪法的起草　　　　　　　　　　　54
　　二、司法院的角色与司法院体制的问题　　　　　56
　　　　1. 司法院的角色　　　　　　　　　　　　56
　　　　　（1）民事、刑事、行政诉讼的审判权与
　　　　　　　公务员惩戒权　　　　　　　　　　56
　　　　　（2）司法行政权　　　　　　　　　　　56
　　　　　（3）法令统一解释权　　　　　　　　　58
　　　　　（4）其他权能　　　　　　　　　　　　58
　　　　2. 法令统一解释制度的延续和演变　　　　58
　　　　3. 司法权（法官）独立的现实问题　　　　60
　　三、关于司法权的制宪构想　　　　　　　　　　63
　　　　1. 司法权的范围　　　　　　　　　　　　63
　　　　　（1）司法行政权　　　　　　　　　　　63
　　　　　（2）宪法解释权　　　　　　　　　　　65
　　　　2. 司法的观念　　　　　　　　　　　　　71

四、司法释宪的可能性　　　　　　　　　　　　73
　　　　1. 从宪法解释制度看司法制度的课题　　　73
　　　　2. 最高法院、司法院宪法解释的特征　　　74
　　五、小结　　　　　　　　　　　　　　　　　78

第四章　大法官释宪制度在近代中国的形成及其初步实践　80
　　一、关于司法院与大法官释宪制度的宪法构想　　80
　　　　1. 政协宪法草案的起草　　　　　　　　80
　　　　2. 1946年中华民国宪法的制定　　　　　83
　　二、司法院组织法修改后的司法院与大法官释宪制度　89
　　三、大法官释宪制度的实施及其特征　　　　　92
　　　　1. 大法官的就任　　　　　　　　　　　92
　　　　2. 大法官会议规则的制定　　　　　　　93
　　　　3. 大法官释宪的初步实践　　　　　　　96
　　四、结语：近代中国宪法解释制度的曲折发展及其启示　98

附　录
　　各章原载一览　　　　　　　　　　　　　　100
　　Why Not American-Style Judicial Review?　　101
　　司法権観念の中国的特質　　　　　　　　　　137

参考文献　　　　　　　　　　　　　　　　　　161

要 述

违宪审查制度在东亚地区的发展,可谓异彩纷呈。日本在二战后,受美国的影响导入司法审查制度,普通法官在审理案件之时可对该案所要适用的法令进行违宪审查,涌现大量的宪法判例。韩国自第一共和国至第六共和国的 70 余年间,宪法委员会、大法院(最高法院)以及宪法裁判所(宪法法院)轮番登场,以宪法决定的形式行使违宪审查权。而我国则是在宪法上明文规定宪法解释机关,以宪法解释的形式进行违宪审查。

这样的制度选择,并非偶然。

在 20 世纪初叶,民国初创之际,违宪审查制度在世界上,仅有美国式的司法审查或法官释宪这一种模式。当时,正处于诞生期的中国宪法学受美国宪法理论的影响,各种宪法草案广泛使用"宪法解释"或"解释宪法"一词。例如,王宠惠在《中华民国宪法刍议》一书中论述了宪法解释权的意义和制度类型,主张效仿美国,规定法院解释宪法。[1] 再如,王世杰在《比较宪法》一书中,比较分析了美国和奥地利的"宪法解释"制度,指出两者的共同点是都承认法院享有"宪法解释"权,"美奥两制之别,亦即所谓

---

[1] 王宠惠:《中华民国宪法刍议》,南华书局 1913 年版,第 21—25 页。

'否认'与'撤销'之别。至于两制的优劣,却不易为概括的论断",[1]并反驳了对法院享有宪法解释权的各种质疑。

司法释宪的主张虽然为诞生不久的中国宪法学注入了"谁来解释宪法"这一问题意识,但在学说上未能立即取得共识。民间学者更多倾向于将宪法解释权赋予国事法院(如1922年张君劢主笔的《国是会议宪法草案》[2]、1925年林长民主笔的国宪起草委员会《中华民国宪法案》[3]、1933年吴经熊起草的《吴经熊氏宪法草案初稿试拟稿》[4])或宪法平衡院(如1925年汪馥炎、李祚辉起草的《中华民国联省宪法草案》[5])之类的特别机关。尽管如此,这些宪法草案同样地使用了美国式的概念表述"宪法解释",而非"宪法裁判"。

民国初期,风云变幻。北洋政府国会的制宪工作几度中止,直到曹锟政权时期才终告完成。这部1923年《中华民国宪法》受议会主权思想的影响,并没有将宪法解释权赋予司法机关,而是规定由国会议员组成的"宪法会议"行使宪法解释权(第139、140条)。其理由是:①解释宪法是"造法机关"(即制宪机关)的作用,不应由司法机关来进行;②宪法解释权只有保留在制宪者手中,才能够确保对宪法的解释符合宪法的本意;③司法释宪欠缺民意基础。[6]而从大理院(最高司法审判机关)的解释例和判决例

---

[1] 王世杰:《比较宪法》,商务印书馆1933年版(上海书店1989年影印本),第581—583页。

[2] 同草案原文,收录于张耀曾、岑德彰编:《中华民国宪法史料(下编)》,文海出版有限公司1981年版。

[3] 同草案原文,收录于张耀曾、岑德彰编:《中华民国宪法史料(中编)》,文海出版有限公司1981年版。

[4] 同草案原文,收录于吴经熊:《法律哲学研究》,清华大学出版社2005年版。

[5] 同草案原文,收录于张耀曾、岑德彰编:《中华民国宪法史料(下编)》,文海出版有限公司1981年版。

[6] 吴宗慈:《中华民国宪法史》,台联国风出版社1973年版,第75—76页。

里面，虽然能发现援引宪法性文件的只言片语，但这些都不具有对立法进行合宪性审查的性质。无论是从法官的角色定位来看，还是从司法解释制度的实际功能来看，当时的司法机关自身还不具备质疑议会立法、看守宪法秩序的主客观条件。

1928年北伐军抵达北京，北洋政府落幕。在平息中原战争之后，国民政府于1931年颁布《中华民国训政时期约法》，规定约法的解释权由国民党中央执行委员会行使（第85条）。虽然最高法院和司法院的法令统一解释中也有一些援引宪法性文件、认定行政命令违宪无效的宪法解释案例，但其宪法保障功能基本上仍处于休眠状态。另一方面，1936年的《中华民国宪法草案》（史称"五五宪草"）则效仿美国的司法释宪模式，规定"宪法之解释由司法院为之"（第142条）。然而，当时的司法院虽然在名义上是"最高司法机关"，但实际上仅为司法行政机关，[1] 并不直接行使审判权，主要通过法令统一解释和判例变更制度对法官进行控制。并且，"五五宪草"对宪法解释权的启动加以限制，规定"法律与宪法有无抵触，由监察院于该法律施行后六个月内，提请司法院解释"（第140条第2款）。因此，很难讲"五五宪草"的制度设计就是美国式的司法审查或法官释宪模式。

抗战结束后，制宪行宪提上日程。1946年1月，各政党及社会各界代表出席政治协商会议，通过了《五五宪草修正原则》，其中第4条规定，"司法院即为国家最高法院，不兼管司法行政，由大法官若干人组织之。大法官由总统提名，经监察院同意任命之。各

---

[1] 当时有学者认为，虽然在名义上，司法院设有司法行政部、最高法院、行政法院及公务员惩戒委员会四个机关，但除司法行政部外，其余均系法院，均是独立行使职权的机关，严格讲来，不能视为司法院的组成部分。因此，司法院并非审判机关，其与北洋政府时期的司法部并无重大分别。参见王世杰、钱端升：《比较宪法》，中国政法大学出版社1997年版，第460页。

级法官须超出于党派之外"。[1] 1946 年 11 月，制宪国民大会提出的宪法草案对"五五宪草"进行了大幅修改，其中司法院部分的规定体现了《五五宪草修正原则》第 4 条之趣旨。对此，立法院院长孙科在制宪国民大会上明确表示，"此种制度，相当于美国之最高法院"。[2] 该宪法草案经若干修改于同年 12 月 25 日通过，即 1946 年《中华民国宪法》。其中规定，"法律与宪法抵触者无效，法律与宪法有无抵触发生疑义时，由司法院解释之"（第 171 条）；"命令与宪法或法律抵触者无效"（第 172 条）；"宪法之解释，由司法院为之"（第 173 条）；"省自治法制定后，须即送司法院。司法院如认为有违宪之处，应将违宪条文宣布无效"（第 114 条）。至此，美国式宪法解释制度（法官释宪、司法审查模式）终于初见端倪。

然而，历史充满戏剧性。为配合宪法的实施，国民政府于 1947 年 3 月 31 日公布《司法院组织法》，预定于宪法施行日（同年 12 月 25 日）同时付诸实施。该法第 4 条第 1 款规定，"司法院分设民事庭、刑事庭、行政裁判庭及公务员惩戒委员会"。但这样一来，就必然要撤废最高法院，因而遭遇到强烈反对。加之当时内战再燃，也无暇考虑司法应采何种制度。[3] 在此背景下，《司法院组织法》在修改上述规定之后，于原定的实施日重新公布。重新公布的《司法院组织法》第 5 条规定，"司法院设最高法院、行政法院及公务员惩戒委员会"。其结果，司法院的大法官专门行使宪法解释权及法令统一解释权，不审理具体案件，由此转向欧陆式违宪审查制度。另外，司法院在 1948 年 6 月 15 日的院解字第 4012 号解释中指出，"与宪法或法律抵触之命令，法院得迳认为无效，不予适

---

[1] 荆知仁：《中国立宪史》，联经出版事业股份有限公司 1984 年版，第 440 页。
[2] 国民大会秘书处编印：《国民大会实录》，国民大会秘书处 1946 年，第 396 页。
[3] 翁岳生：《法治国家之行政法与司法》，月旦出版社 1994 年版，第 416 页。

用",由此承认了普通法官对命令的违宪审查权。1949年1月6日,大法官会议首次作出两件宪法解释,成为大法官释宪制度在近代中国的初步实践。

第一章　违宪审查制度的构造与功能

一、违宪审查制度的意义与构造

为保障宪法的实施，由特定的国家机关对法律、命令或国家行为（有时还包括私人行为）的合宪性进行审查，将违宪的国家行为宣布为无效以排除其适用的制度，习惯上，被称为"违宪审查制度"。宪法保障行为以担当宪法保障之机关所作出的宪法解释为前提，故而，"谁是宪法保障的担当者（违宪审查机关）"这个问题，实际上就是在问"宪法之有权解释权最终归属于谁"。[1]

如果从国民主权与民主主义的立场来回答这个问题，原则上讲，宪法解释权自然应归属于国会。但是，美国的最高法院在1803年的一纸判决中，却曾作出这样的论断：法院享有对法律违宪与否进行审查之权限，此乃合众国宪法内在逻辑上之必然结论。其后，法院享有宪法解释权被当作宪法惯例确立下来，从而诞生了违宪审查制度。

然而，自19世纪至20世纪初，近代立宪主义在制度化方面，

---

[1] 樋口陽一『司法の積極性と消極性——日本国憲法と裁判』勁草書房1978年3頁。

采取了议会至上（立法权优越）的模式，有违宪审查制度之国家，在当时可谓极例外之个例。而在这样的时代，违宪审查制度之所以能够产生，也是出于特殊的历史背景。在美国的独立期，英国议会所制定的法律对于北美殖民地人民而言，经常会给他们带来被压迫的感觉；各州在革命期所颁布的法律，也有不少侵害了个人权利。因此，对立法权不信任的观念逐渐被积累和强化，最终形成了坚信对立法权必须加以限制的政治信念。而在欧洲大陆，近代国家的产生是议会在与王权的斗争中取得胜利的结果，因此，在市民革命胜利之后，议会的法律被视为人民意志之体现，神圣不可侵犯，而宪法相对于一般法律的"优越性"或"最高法规性"（宪法的最高效力），却并未被明确地认识和特别地强调。[1]

但是，进入20世纪之后，行政权肥大化（"行政国家"现象）带来的议会制危机和法西斯主义侵害人权的经历，让议会制民主主义的神话走向破灭。人们发现，法律也有可能成为侵犯个人权利、颠覆宪法秩序的工具，因此，有必要对法律的合宪性进行审查，保障基本人权免受来自法律的侵害。于是，二战之后，欧洲的一些国家也开始引入违宪审查制度，但其制度构造与美国并不相同。例如，西德1949年基本法和意大利1947年宪法所采取的模式，乃是在法院之外，另设宪法法院来行使违宪审查权，被学者赞为"先进的、现代的制度"。[2] 另外，法国1958年宪法上所创设的宪法委员会，在20世纪70年代之后，也逐渐褪去政治性机关的色彩，开始积极地以裁判机关的角色行使违宪审查权。尤其是，进入20世纪90年代之后，在东欧、俄罗斯乃至于亚洲地区，宪法法院也开

---

[1] 芦部信喜『憲法訴訟の理論』有斐閣1973年5—7頁。ルイ・ファボル「憲法裁判の比較——アメリカ型とヨーロッパ型」「二つの憲法裁判モデル」植野妙実子編訳『フランス公法講演集』中央大学出版部1998年151，197—198頁。

[2] 樋口陽一『司法の積極性と消極性——日本国憲法と裁判』勁草書房1978年8頁。

始发挥重要的功能,呈现出司法积极主义的趋势,被西方学者喻为"违宪审查革命(Judicial Review Revolution)"。[1]

上述的各国制度尽管都被称为违宪审查制度,但就其构造而言,大致可分为美国式的、普通法院型的违宪审查制度和以德国为代表的欧陆式的、宪法法院型的违宪审查制度。例如在日本,"宪法裁判"一词大多是指宪法法院型的违宪审查制度,而普通法院型的违宪审查制度通常是用"宪法诉讼"一词来表述。[2]

美国式的违宪审查制度,是指普通法院在解决具体争讼时,对于其前提问题,即该案件所适用之法律是否合宪进行审查的制度,由于法官的违宪审查是附随于司法权的行使而进行的,故而该类型被称为"附随性违宪审查制度"。欧陆式的违宪审查制度,则是在普通法院之外另设宪法法院,宪法法院并不涉足具体案件的审理,即,脱离发生法律适用问题的具体案件,主要针对该法律的合宪性问题进行一般性、抽象性的审查,因而该类型被称为"抽象性违宪审查制度"。此外,在法国,议会通过的法律在总统签署生效之前,必须由宪法委员会审查其合宪性,该制度在审查的时间点上,与德国有所不同,但宪法委员会的违宪审查同样是抽象性的,因此与德国仍有不少共通之处。[3]

上述两大类型的不同之处在于:首先,附随性违宪审查制度是非集中型的(由一般的普通法院实施)、基于诉讼当事人的抗辩而启动的审查,判决理由中所作出的违宪判断,其法律效果仅及于该案件本身(个别效力),故而,该制度的直接目的,在于为国民个

---

[1] Mauro Cappelletti, "Judicial Review of Legislative Action in Europe", in E. G. Baldwin eds, *The Cambridge Lectures 1983*, Boston: Butterworth, 1985, p. 235.

[2] 市川正人・酒巻匡・山本和彦『現代の裁判』有斐閣2004年227頁(市川正人執筆)。

[3] 浦部法穂「違憲審査制の構造と機能」樋口陽一編『講座憲法学第6巻権力の分立2』日本評論社1995年72頁。

人的权利提供救济（私权保障型）。而抽象性违宪审查制度是集中型的（由享有专属管辖权的宪法法院实施）、基于特定的诉权主体的起诉而启动的审查，判决主文中所作出的违宪判断会直接导致该法律条文归于无效（一般效力），故而，该制度的目的，在于维护宪法秩序（宪法保障型）。[1] 其次，前者要求具备原告适格、诉讼利益等诉讼要件，违宪判决的效力在仅及于该案件本身的前提下，可以溯及既往；而后者对原告适格等诉讼要件并未作严格的限制，可以脱离具体的案件以抽象的形式提出违宪审查的请求，违宪判决产生一般效力，但不具有溯及力，只能对将来发生效力。[2]

另外，这两种类型虽然在审查方式和制度功能上存在差异。但实际上，如果比较美、德两国的违宪审查制度，就会发现，这种差异已经出现了相对化的趋势，即 Cappelletti 教授所谓的"合一化倾向"。[3] 例如，美国的违宪审查制度其功能在于为个人权利提供救济，对诉讼的要件有严格的限制，但最近的判例已有所变化，通过灵活地解释"争讼性""当事人资格"等要件，开始在"私权保障型"的制度框架内，重视德国制度那样的"宪法保障"功能。而在德国，宪法法院也开始重视为个人权利提供救济之功能，最典型的表现是，国民向宪法法院诉请排除对基本权利之侵害的"宪法诉愿"制度原本是一般法律上的制度，由于该类案件太多，凸显了其重要性，终于在1969年修改基本法之时，成为一项宪法上的制度（《德国基本法》第93条第1款Aa）。该制度在实质上，与美国的

---

[1] 樋口陽一・山内敏弘・辻村みよ子『憲法判例を読みなおす——下級審判決からのアプローチ』日本評論社 1994 年 3 頁（樋口陽一執筆）。

[2] 辻村みよ子『比較憲法』岩波書店 2003 年 192 頁。

[3] Mauro Cappelletti, *Judicial Review in the Contemporary World*, Indianapolis: Bobbs-Merrill, 1971, p. 84.

附随性违宪审查制度完全相同,[1] 尤其是，宪法法院所受理的案件，绝大部分都是"宪法诉愿"。可见，德国制度的功能虽然重在"宪法保障"，但实际上也已向"私权保障"大幅度地倾斜。[2]

---

〔1〕 芦部信喜著、高橋和之補訂『憲法』岩波書店 2002 年 350 頁。 辻村みょ子『比較憲法』岩波書店 2003 年 193 頁。 芦部教授认为"此种宪法异议制度，已成为体现德、美两国制度之合一化倾向的典型"，参见芦部信喜「憲法学における憲法裁判論」法学協会雑誌 113 巻 8 号（1996 年）1151 頁。

〔2〕 浦部法穂『憲法学教室』日本評論社 2000 年 355 頁。 前引浦部法穂「違憲審査制の構造と機能」72 頁。

第一章 违宪审查制度的构造与功能

二、违宪审查制度的导入与司法制度的课题

尽管如此，美国式制度、欧陆（德国）式制度这两大类型在基本构造上的差异并没有消失。问题是，为什么会出现两种不同类型的违宪审查呢？实际上，在20世纪初叶，全世界范围内所谓违宪审查制度，就只有美国式宪法解释制度（法官释宪、司法审查、附随性违宪审查）这一种类型。当时，欧洲国家也曾试图移植美国式制度，但最终以失败告终。[1] 二战之后，欧洲国家在重新尝试移植法律合宪性审查机制之际，并没有像美国那样将违宪审查权赋予法院，而是选择了另设宪法法院的路径。究其原因，既有历史背景方面的，也有政治背景方面的，但就理论层面而言，最值得关注的原因，还是在于欧洲和美国在司法观念和法官制度上有很大的不同。

首先，在司法观念上，欧洲和美国存在很大差异。在西欧立宪主义的历史上，司法权成为独立的一支政治权力，远远地晚于立法权和执行权。这是因为，从绝对王权统治到封建王权统治的时代，

---

[1] 当时在欧洲大陆，宪法一般不具有裁判规范的性格。 例如，魏玛宪法堪称欧洲宪法的典型，但在该宪法体制下，围绕是否移植司法审查制度，曾有过激烈的争论，实践中法院行使审查权的案例也绝非少数，但是，要移植国家机关接受司法审查的传统，条件还非常不成熟。 参见芦部信喜『憲法訴訟の理論』有斐閣 1973 年 7—8 頁。 在这一时期，爱德华·朗贝尔的著作《美国的法官政治及其对社会立法的斗争》于 1921 年出版，在欧洲引起极大的反响。 右翼政党将司法审查看作可用来对抗进步的社会立法的保守主义工具，对移植司法审查制度表示支持。 而左翼政党则对司法审查持反对态度，因为他们认为法官是保守的。 因此，美国式违宪审查制度最终未能移植到欧洲大陆。 参见ルイ・ファボル「二つの憲法裁判モデル」植野妙実子編訳『フランス公法講演集』中央大学出版部 1998 年 197—198 頁。

司法和审判一直都是王权统治的支柱。[1] 扮演着此种角色的审判权只不过是政治权力的化身，带有赤裸裸的权力性，即所谓"法官语毕，法乃产生"。[2]

在英国，1066年诺曼底公爵威廉征服英国之后，普通法法院基于古日耳曼法上的习惯法优位思想，确立了"即使是国王也在法律之下""何谓法律之最终判定权在于法院"的法治（rule of law）原理。[3] 在其后17世纪的市民革命中，国会在与倡导君权神授的斯图亚特王朝进行斗争的过程中，与普通法法院结成同盟，于1641年迫使国王废除了星座法院（Star Chamber）和高等宗教事务法院（Court of High Commission），剥夺了其行使国王大权的实质手段，铲除了阻碍法治发展的最强大的国家机关。[4] 进而，1701年的王位继承法对于保障法官的身份和报酬作出明文的规定，将司法独立

---

〔1〕 芦部信喜『人権と憲法訴訟』有斐閣1994年6—7頁。

〔2〕 樋口陽一「解題」樋口陽一編『講座憲法学第6巻権力の分立2』日本評論社1995年2頁。

〔3〕 田中和夫『英米法概説』有斐閣1981年72頁。 在古日耳曼法上，有习惯法优位的思想，即，法乃是古来的传统、亘古不变的习惯法，不可人为地变更。 并且，"什么是法"，乃是由担当裁判之人在裁判之中所宣布创生的。 在中世纪，正如1215年《自由大宪章》中所宣示的，国王权力并非是绝对的，而是受到一定规范的制约的。 这一法理强化了即使是主权者也必须守法的思想。 1066年威廉征服英国之后，他和他的继承者为了加强中央集权，命令王座法院的法官到各地巡回、以日耳曼习惯法为素材统一全国的法律，从而创生出了普通法。 由此，古日耳曼法上的习惯法优位思想，逐渐演变为普通法优位的思想。 到了14、15世纪，进行普通法审判的普通法法院从行政部门里分离出来，成为了独立的司法机关。 此时，法律已不再像古日耳曼法时代那样为每个部落民众所详知，只有接受过法律训练的法官才有权威来宣布何谓法律。 参见田中和夫『英米法概説』有斐閣1981年58—70頁。

〔4〕 田中和夫『英米法概説』有斐閣1981年70頁。 随着行政法院的撤销，人们逐渐意识到，市民革命的成果需要获得法院的保障，司法的作用被看作是不仅审理民事、刑事案件，也审理行政案件，独立于立法权和执行权，是保障国民权利的堡垒。 参见芦部信喜『人権と憲法訴訟』有斐閣1994年8頁。

确立为不可动摇的原则。[1] 当时，柯克大法官在"博纳姆医生案"判决中指出，"普通法应将一切违反正义、理性或普通法的国会制定法判决为无效"，主张普通法不仅是对于国王、即使是对于刚刚取得统治地位的国会也处于优越的地位。[2] 但光荣革命后，英国确立了议会主权原则，法院必须遵从国会的制定法，柯克的这一理论未能在英国付诸实践。但是，柯克思想的种子在同样采用判例法制度的美国传播开来，最终结出了美国式司法审查和分权制衡的果实。

美国在殖民地时代，是由英国的枢密院对殖民地议会的立法进行审查。[3] 但是，英国议会所制定的法律对于北美殖民地人民而言，经常会给他们带来被压迫的感觉；各州在革命期所颁布的法律，也有不少侵害了个人权利。因此，对立法权不信任的观念逐渐被积累和强化，最终形成了坚信对立法权必须加以限制的政治信念。这种政治意识形态成为了即使是议会也不得侵犯的高级法（自然的正义的法、先于国家存在的基本人权）实定化为宪法的思想基础，也为司法审查的制度化提供了有力的理论支持。[4] 汉密尔顿曾在《联邦党人文集》（No. 78）中论述到，"解释法律乃是法院的

---

[1] 英国之所以被看作是司法独立的母国，乃是因为1701年的王位继承法最早规定，"法官的任命资格只需要是'无不良行为'，法官薪俸固定不变，不得擅自罢免，但是，可以基于国会两院的奏请，合法地罢免法官"。参见元山健・倉持孝司编『現代憲法——日本とイギリス』敬文堂2000年236—237页（元山健执笔）。在此之前，正如洛克的《政府论》一书中所反映的，人们认为法官的职权只不过是执行权的一部分而已。参见［英］洛克著，叶启芳、瞿菊农译：《政府论（下篇）》，商务印书馆1964年版，第85—91页。

[2] ［美］小詹姆斯・R.斯托纳著，姚中秋译：《普通法与自由主义理论——柯克、霍布斯及美国宪政主义之诸源头》，北京大学出版社2005年版，第81—82页。

[3] ［美］小詹姆斯・R.斯托纳著，姚中秋译：《普通法与自由主义理论——柯克、霍布斯及美国宪政主义之诸源头》，北京大学出版社2005年版，第105页。

[4] 芦部信喜『憲法訴訟の理論』有斐閣1973年5页。

正当与特有的职责。而宪法事实上是，亦应被法官看作根本大法。所以对宪法以及立法机关制定的任何法律的解释权应属于法院"；但是，"立法机关通过立法表达的意志如与宪法所代表的人民意志相违反，法官应受后者，而非前者的约束，应根据根本大法进行裁决，而不应根据非根本法裁决"。[1] 马歇尔大法官的1803年判决原样地继承了这一司法观念。该判决宣布法官有宪法解释权，在实质上确立了对立法权进行制约的"第三权"。由此，美国的司法机关不仅掌握着对制定法的解释权，还可以通过行使违宪审查权来发挥直接而又广泛的造法功能和政策形成功能。

而在18世纪至19世纪的欧洲大陆，近代立宪主义国家的出现乃是民意代表机关（议会）与威权统治者（君主）以及为虎作伥的法院进行抗争并取得胜利的结果，人们认为，只有议会才是国民的拥护者，法律乃是制约司法专横的防洪堤；宪法上的权力分立通常是以立法权优越的原理为基础，而解释宪法的权力具有宪法制定权的意义，所以保留在议会的手中。[2] 鉴于法院在君主专制时代的专横表现，人们不信任司法，强调司法应具有消极、被动的性格，其功能就是将法律严格地适用于案件之中，即所谓"先有法而后有审判"。[3] 而当时正在欧洲盛行的法律实证主义思想，也强化了这种矮化司法功能的看法。[4] 而且，正如法国、德国那样，司法和行政的分化是朝着有利于行政的方向发展的，普通法院并不掌握对行政案件的审判权，司法权的范围被限定为针对民事、刑事案

---

[1] Alexander Hamilton, James Madison, John Jay, *The Federalist Papers*, Cutchogue, New York: Buccaneer Books, 1992, p. 395—396. [美]汉密尔顿、杰伊、麦迪逊著，程逢如、在汉、舒逊译：《联邦党人文集》，商务印书馆1980年版，第393页。

[2] 芦部信喜『憲法訴訟の理論』有斐閣1973年5—11页。

[3] 前引樋口陽一「解題」2页。

[4] 芦部信喜「憲法学における憲法裁判論」法学協会雑誌113卷8号（1996年）1153页。

第一章 违宪审查制度的构造与功能

件的审判权。孟德斯鸠在《论法的精神》一书中，虽然将司法权视为独立于立法、执行两权的国家权力，但是，其所谓的司法权是以单纯地适用法律为职责的权力，并不具备对其他的国家权力进行制约的构造。这种欧陆式的权力分立理论恰恰是"体现了司法机关在18世纪至19世纪欧陆法上之地位的一个象征"。[1]

19世纪后期至20世纪，欧洲大陆的人们也开始意识到审判的造法功能，但是，欧陆法上基本的司法观念依然没有大的变化，司法仍被视为适用法律之国家作用，不能对立法权进行制约。正如芦部信喜教授所言，"在美国，司法权是与立法权、行政权相并列的第三权。而在欧洲各国，极端点讲的话，这样的第三权根本就不存在，即，国家权力只有立法权和执行权两个分支，审判只不过是执行权的一个作用而已"；[2]"特设宪法法院，其实是与欧洲大陆式的权力分立理论相妥协的结果"。[3]

另外，二战后的欧洲各国宪法对于引进美国式违宪审查制度之所以态度消极，还有另一个不容忽视的因素，那就是二者在法官制度上有很大的不同。美国式违宪审查制度的大前提，是盎格鲁撒克逊社会所特有的法律家之权威地位和政治家类型之法律家传统。[4]宪法解释与通常的法律解释有相当的差异，需要发挥高度的判断裁量能力，"与其称之为纯司法活动，倒不如称之为立法活动"。因此，美国的司法审查权一向被认为是当然地伴随着造法功能和政策

---

[1] 芦部信喜『人権と憲法訴訟』有斐閣1994年7頁。

[2] 芦部信喜教授认为，这是关于司法的权力性（法创造机能、政策形成机能）以及权力分立理念的认识分歧。参见芦部信喜「憲法学における憲法裁判論」法学協会雑誌113卷8号（1996年）1152—1153頁。

[3] 和田英夫「カペレッティの『比較憲法裁判論』について——谷口安平＝佐藤幸治訳『現代憲法裁判論』の紹介によせて」和田英夫『大陸型違憲審査制』有斐閣1994年354頁。

[4] 樋口陽一・山内敏弘・辻村みよ子『憲法判例を読みなおす——下級審判決からのアプローチ』日本評論社1994年10頁（樋口陽一執筆）。

形成功能。相反，欧洲各国的法院制度传统上采取与行政官厅类似的职业法官体制。在这种制度下，法官在年轻时就进入了司法部门，然后按资历升迁。法官所接受的训练，"并非对法律的政策性应用能力，而是机械地适用法律的技术"。因此，一般认为，职业法官是尽量回避进行"宣布法律"式的宪法裁判的。[1] 遍观欧洲各国之宪法法院，就会发现，宪法法官的资格要求具备极高的素养，[2] 特别是，在宪法法官之中法学教授占了绝大多数。这是因为，自罗马法学以来，在欧洲，法学教授享有最高的权威，大家认为只有他们才能作出有说服力的宪法判决。[3]

欧陆式违宪审查制度虽然不同于美国，但不能否认的是，其受到了美国的影响。首先，欧陆式制度的形成是基于反思移植美国式制度之失败，从而在行政型的、官僚体系式的司法系统之外，单独设立了宪法法院。在此意义上，宪法法院可以说是移植美国式制度的实验室。虽然欧陆式制度被看作是"宪法保障型"的，但其同样担当着人权保障的价值和角色。由于在这种制度下，违宪审查权和司法审判权分属宪法审判机关和司法审判机关，美国式的附随性违宪审查在德国就变成了具体规范控制，而德国的宪法诉愿制度在实质上也非常近似于美国的附随性违宪审查制度。

樋口阳一教授认为，抽象性违宪审查制度是一种"现代型的违宪审查制度"，在这一制度模式下，国家要求市民忠诚于宪法，审判机关决定宪法的意义为何，并将宪法的价值贯彻于整个社会。这是因为，在经历了纳粹统治的历史教训之后，人们认识到，宪法及国家的价值中立性理论对于纳粹统治的产生负有一定的责任，因

---

〔1〕 芦部信喜「憲法学における憲法裁判論」法学協会雑誌 113 卷 8 号（1996 年）1153 頁。

〔2〕 L. ファヴォルー著、山元一訳『憲法裁判所』敬文堂 1999 年 144—149 頁。

〔3〕 樋口陽一・山内敏弘・辻村みよ子『憲法判例を読みなおす——下級審判決からのアプローチ』日本評論社 1994 年 11 頁（樋口陽一執筆）。

此，国家应当实现并捍卫特定的价值。[1]但另一方面，暂且不论在现代型的违宪审查制度之下，国民的宪法忠诚义务是否与尊重价值多元性的社会宽容理念相背，在此值得注意的一点是，与违宪审查制度的"现代型"和"近代型"相对应的，不正是司法制度的"近代型"（行政型司法）和"现代型"（司法型司法）吗？

毋庸置疑的是，"宪法保障型""现代型"的欧陆式违宪审查（宪法法院）制度有其自身的优点，但另一方面，宪法的保障不能仅寄希望于宪法法院，而应当让所有的司法审判机关都担负起保障宪法的使命，因为只有通过日常的司法审判，才能使"法治""人权"的价值和宪法的理念扎根于社会大众之中。故而，在探讨违宪审查制度的路径选择之时，有必要对与之密切相关的整个司法制度的课题一并给予关注。

---

[1] 樋口陽一『司法の積極性と消極性——日本国憲法と裁判』勁草書房1978年11—13頁。 樋口阳一教授指出，联邦德国基本法的最大特征在于"宪法忠诚"理念，在确保该理念的各项宪法制度中，德国联邦宪法法院发挥了尤其巨大的作用，参见樋口陽一『比較憲法』青林書院新社1984年283—284頁。

三、违宪审查制度在转型期的功能

"现代型违宪审查制度出现之历史意义,不应理解为是对近代立宪主义的直线发展贯彻,而应看作是对近代立宪主义的一次否定。"[1] 那么,在那些处于转型期的国家里,"现代型违宪审查制度"的移植是否就是通向现代立宪主义的渡桥呢?或者说,此时对于违宪审查制度的模式选择,应采取何种立场呢?

在对人权保障有强烈期待的国度,采取"私权保障"型制度会最受人民欢迎。但另一方面,在这样的国家,人权保障水平之落后通常又是因为其司法制度的落后,将违宪审查权赋予司法机关的构想,往往难以说服针对司法审查之民主正当性、法官的独立性及其素质操守的质疑。因而,遍观各国的民主化浪潮,"违宪审查革命"大多采取移植宪法法院制度的路径,这几乎已成了一个公式。[2]

但是,即便采取了"宪法保障型"制度,在还未开始转型的阶段,宪法审判机关作为一个政治机关,在对政治权力进行制约方面往往会表现得力不从心,在有的国家,为政治权力行使的合法化提供背书的例子,也不鲜见。违宪审查制度的出现,本来是为了纠正

---

〔1〕 樋口陽一『司法の積極性と消極性——日本国憲法と裁判』勁草書房1978年15—16頁。

〔2〕 许多国家(尤其是东欧的原社会主义国家)在民主化的过程中建立了违宪审查制度,而这些国家几乎都没有将违宪审查权赋予法院,而是另外设立了宪法法院。例如,西班牙(1979年)、葡萄牙(1982年)、波兰(1982年)、匈牙利(1988年)、罗马尼亚(1991年)、保加利亚(1991年)、斯洛文尼亚(1991年)、立陶宛(1992年)、斯洛伐克(1992年)、阿尔巴尼亚(1991年)、捷克(1992年)、乌兹别克斯坦(1992年)、蒙古(1992年)、俄罗斯(1993年)、哈萨克斯坦(1993年)、吉尔吉斯斯坦(1993年)、南非(1996年)、泰国(1997年)等。详见 L. ファヴォル一著、山元一訳『憲法裁判所』敬文堂1999年。

近代立宪主义的弊病,通过制约立法权来保障基本人权和宪法秩序的,但其本身不可能替代人民选举、议员投票、政党政治等民主政治运作的制度基础。故而,各国的"违宪审查革命"中所涌现的宪法法院无一不是顺应民主化浪潮来乘势推动社会转型的。在这方面,韩国就是一个典型的例子。韩国从1948年成立到1988年9月设立宪法法院为止的40年里,曾经将违宪审查权赋予宪法委员会或大法院(最高法院)来行使,但在当时的权威体制下,这一制度未能实现活性化,直到1987年民主化改革之后,新设的宪法法院才开始积极地行使违宪审查权。[1] 可见,在民主机制尚不健全的社会里,宪法法院未必就是通向现代立宪主义的渡桥,甚至可能变成粉饰立宪主义的工具。

不过,值得注意的是,在社会转型的进程中,违宪审查制度只要存在,就会担当起人权保障的角色,并作为裁判政治纷争的缓冲装置,推进社会转型的平稳发展。"私权保障"功能虽为普通法院的"风格",但在此时期,宪法法院积极发挥这一功能者也屡见不鲜。

如上所述,在"违宪审查革命"中,抽象性违宪审查制度被广泛地采用,并在社会转型的过程中发挥了积极的作用,但另一方面,我们同样不能忽视该制度本身的问题以及附随性违宪审查制度的存在意义。在思考违宪审查制度的发展路径之时,必须考虑到以下几点:

第一,如前所述,宪法法院制度的出现乃是"与欧洲大陆式的权力分立理论相妥协的结果",即,将司法裁判视为执行法律的活动(法执行作用)的"行政型司法"观念依然根深蒂固。但是,普通法院的法官习惯于基于对法律的合宪判断或宪法法院提供的

---

[1] 韓國憲法裁判所著、徐元宇ほか訳『韓國憲法裁判所10年史』信山社2000年8頁以下。

"正确答案"进行裁判,其宪法思维就会被禁锢,甚至会导致宪法感觉的麻痹。而且,将宪法问题移送给宪法法院进行判断,意味着普通法院的法官在实质上丧失了审判的独立性,而当普通法院的判决成为宪法诉愿的审查对象之时,其判决的既判力亦有可能被废弃。可以说,在宪法法院制度之下,司法审判权实际上丧失了独立性和权威性,其被称为"审判"已有名不副实之虞。

第二,与人权保障关系最为密切的,不是宪法审判机关,而是司法审判机关。在审判过程中,法官被期待担当起人权堡垒的角色,但是,如果法官被排除于宪法保障的领域之外,其人权保障的功能就会大打折扣。违宪审查权如果集中于宪法法院,人民要提起宪法诉愿,就必然会有条件上的限制。在这种抽象性违宪审查制度下,个人要获得宪法上的救济,实际上并非易事。

第三,在附随性违宪审查制度下,个人可以主导违宪审查程序的启动,通过诉讼来表达自己的诉求,对抗社会的不公。而在抽象性违宪审查制度下,提起违宪审查的资格一般仅限于国家机关或国会议员,国民个人难以发动关于宪法问题的讨论和批判,宪法法院也很有可能作出迎合当权者的宪法判断。因此,在权威体制下,普通法院法官的违宪审查权在制度上或事实上必然会遭到否定。然而,民主政治的成熟是以国民的政治参与和宪法意识为基础的。而附随性违宪审查制度在通过诉讼发起具有全民教育性的、公众性的讨论,推动全社会的宪法文化和法官的宪法感觉走向成熟方面,恰恰具有不可忽视的优势。

第四,在抽象性违宪审查制度下,宪法审判机关带有强烈的政治机关性格,回避不了与议会制民主主义相克的问题。在美国,政治问题不具有可诉性,一般认为应交由政治过程解决;而在德国,宪法法院在很多情况下会对政治问题作出判断,尤其是德国的抽象规范审查制度其目的在于保护少数党派,其利弊很难简单地断言,但需要注意的是，已有学者指出，在德国，不论是执政党还是在野党，一旦在重要的法案或政策上败北，往往就借由这一制度将政治纷争提交宪法法院处理。然而，这种"政治的司法化"现象如果无限地发展，就会有导致议会制民主主义崩溃之虞。故而，在民主传统尚未久固的国家，这一制度对于代议民主制度来说是一个极大的威胁。[1]

可见，附随性违宪审查制度在人权保障和权力分立这两个方面均有其积极意义。但另一个方面，在处于转型期的国家，普通法院能否克服自身局限，积极地行使违宪审查权，仍然是令人疑虑的。

实际上，违宪审查制度不论采用何种类型，宪法解释者是否独立、正确地进行价值判断，才是其能否担当起"宪法守护者"角色的关键之所在。例如，菲律宾移植的是美国式违宪审查制度，在旧体制下，最高法院时常借口"政治问题的法理"回避进行宪法判断，但在社会转型之后，却开始积极地行使司法审查权。而且，在旧体制下，最高法院即使进行司法审查，也没有作出过与当权者意志相悖的判决，转型之后，则出现了违背当权者意志的判决。有学者指出，发生这些变化的原因在于，菲律宾1987年宪法缓和了司法审查的要件，对于司法独立也提供了制度上的保障，并且，转型之后，司法机关在政治结构中的地位也发生了变化。[2] 的确，在菲律宾人民对司法的信赖程度有所提高的同时，关于司法腐败的疑虑仍然根深蒂固，即使是最高法院，也没有完全消除这种怀疑，但

---

[1] 芦部信喜「憲法学における憲法裁判論」法学協会雑誌113卷8号（1996年）1157—1158頁。

[2] 菲律宾的最高法院在社会转型进程中发挥了重要的作用，例如，最高法院曾经就总统的正当性问题作出判决，但也有批判认为，其对于政府的经济政策作出的一连串的违宪判断，有司法积极主义的过犹不及之嫌。参见内田晴子「民主化後のフィリピンにおける司法審査制度」作本直行・今泉慎也編『アジアの民主化過程と法——フィリピン・タイ・インドネシアの比較』アジア経済研究所2003年167—202頁。

是，在有关宪法修改的各种意见里面，几乎没有人主张对司法审查制度进行改革。[1]

再如日本，其在欧陆型司法的传统下移植了美国式违宪审查制度之后，却出现了法院"越往上越糟糕"的司法状况，尤其是最高裁判所（最高法院），并未充分地履行宪法所托付的守护宪法秩序的职责，相反却轻视人权的保障，发挥了追认违宪政治的作用。[2] 许多学者在批判这种"司法消极主义"问题的同时，期待通过下级审判的积累形成宪法判断，最终扭转下级审判所作出的违宪判断在最高裁判所那里几乎全被推翻的现状。[3] 的确，日本的附随性违宪审查制度的功能发挥因其政治环境和司法官僚制度方面的原因而受到了阻碍，因此，日本学者在宪法诉讼方面的相关论述，大多带有批判性的指向。在此意义上，日本制度展现给其他国家学者的，难免会有负面启示性的印象。但是，如果因为这一点，就简单地将日本的附随性违宪审查制度当成反面教材，来否定违宪审查权在欧陆型司法制度之下积极发挥作用的可能性的话，却未必妥当。相反，我们不应该忽视的是，日本的附随性违宪审查制度历经半个世纪的实践，对人权的保障和民主主义的扎根一直发挥着重要的作用，对这一制度本身，日本的宪法学者大多是极力维护的。特别是，2000年以来，最高裁判所在几个代表性的判决里面，表现出司法积极主义的倾向，令人瞩目。在允许职业法官进行违宪审查、

---

〔1〕 参见前引内田晴子「民主化後のフィリピンにおける司法審査制度」194—195頁。

〔2〕 例如，諸根貞夫「人権軽視の統治正当化システム構想——憲法裁判所創設と改正条項軟性化のねらい」法と民主主義297号（1995年）26—27頁。

〔3〕 小林武「わが国違憲審査制の五〇年——総論的概観」憲法理論研究会編『憲法50年の人権と憲法裁判』敬文堂1997年6頁。辻村みよ子『比較憲法』岩波書店2003年208頁。

第一章 违宪审查制度的构造与功能

追寻"第三类型"[1]的独特性与可能性、探索欧陆型司法之未来理想的道路上，作为先驱者，日本的违宪审查制度也是值得赞赏的。

另外，即使设立了宪法法院，允许普通法院的法官行使违宪审查权，仍然是有意义且可能的。譬如，葡萄牙就是采取了这种"混合型"的违宪审查制度。[2]

不论采取何种类型的违宪审查制度，法官只有觉悟到保障宪法、拥护人权的使命，独立正确地进行价值判断，才有可能赢得国民的信赖，树立起自身的权威性。因此，在欧陆型司法的传统之下，保障法官的独立、允许其在违宪审查方面发挥作用，也同样是人权保障和司法制度现代化的重要课题。

---

[1] 樋口陽一・山内敏弘・辻村みよ子『憲法判例を読みなおす——下級審判決からのアプローチ』日本評論社 1994 年 14 頁（樋口陽一執筆）。

[2] 葡萄牙宪法在移植附随性违宪审查制度的同时，规定如下级法院以违宪为理由拒绝法律之适用，或者尽管当事人在诉讼审理过程中提出了法律违宪的问题，法官仍适用有违宪疑义之法律之时，可直接向宪法法院上诉。 前者情形下，应由检察署依职权提起上诉（《葡萄牙宪法》第 280 条第 2 款）；后者情形下，只能由诉讼当事人提起上诉（《葡萄牙宪法》第 280 条第 4 款）。 但是，宪法法院仅就法律的合宪性问题进行判断，并不审理案件的具体事实，并且，判决仅对该案件发生个别的效力。 宪法法院在三个不同的案件中，对于同一法律规定作出违宪宣告之时，其违宪判决才发生一般的拘束力（《葡萄牙宪法》第 281 条第 2 款）。 参见陈铭祥：《比较违宪审查制度》，载李鸿禧教授六秩华诞祝贺论文集编辑委员会编：《现代国家与宪法——李鸿禧教授六秩华诞祝贺论文集》，月旦出版社 1997 年版，第 1090—1092 页。

第二章　北洋政府时期的司法权与宪法解释制度

一、大理院体制的形成

1. 近代司法制度的导入

古代中国司法的基本特征是行政官员兼理司法案件，行政与司法不分，[1]当然也就不可能形成近现代宪法意义上的"司法"或"司法权"的概念。

在此背景下，清末启动了司法制度近代化的改革，对于这场改革来说，司法机关的独立化是一个不可回避的核心课题。1906年，

---

[1] 管欧：《法院组织法论》，三民书局1990年版，第9页；史庆璞：《法院组织法新论》，三民书局2001年版，第37页。

第二章 北洋政府时期的司法权与宪法解释制度

迫于国内外的压力,[1] 清廷颁布上谕,宣布"预备立宪",进行官制改革。根据新官制,"刑部著改为法部,专任司法。大理寺著改为大理院,专掌审判"。[2] 同年颁布的《大理院审判编制法》规定,"自大理院以下及本院直辖各审判厅、局,关于司法裁判全不受行政衙门干涉,以重国家司法独立大权而保人民身体财产"(该法第6条),[3] 宣告了审判机关的独立性以及保障人权的立法宗旨。1909年,又取而代之颁布了《法院编制法》,该法与当时日本的《裁判所构成法》同样,实行以大理院为顶点的四级三审制,导入了西方的现代司法制度。[4] 同年,颁布《各省城商埠各级审判检察厅编制大纲》,司法机关和行政机关开始分离。但其后不久,清王朝覆灭。因而,当时只有首都、省府所在地或商埠地设立了审

---

[1] 鸦片战争后,中国被迫签订一系列不平等条约,承认了英国等20多个国家的领事裁判权。 1899年,陷于同样境地中的日本,通过修订法律和改革司法制度,成功废除了领事裁判权。 其后,中国政府也提出恢复司法权的要求,但被各列强国家以中国法律制度落后为由拒绝。 1902年后,英、日、美各国相继以中国改革法律和审判方式使之与各国法制一致为条件,承诺废除领事裁判权。 于是,1905年,清朝任命沈家本、伍廷芳为修订法律大臣,命其参考各国法律,修改现行法律使之能够通行于国内外。 参见黄源盛:《民初大理院》,载《政大法学评论》第60期(1998年),第94页。其后,日本在日俄战争中获胜的消息传来,在中国民众的心理上造成极大冲击,日本战胜沙皇俄国被视为立宪制度对封建专制制度的胜利,而日本在中日甲午战争和日俄战争中的胜利,被当作立宪强国论的证据,使得关于立宪的议论沸腾,最终成为了压倒性的民意。 参见杨幼炯:《近代中国立法史》,商务印书馆1936年版(上海书店1989年影印本),第31页;潘树藩:《中华民国宪法史》,商务印书馆1935年版,第3页;荆知仁:《中国立宪史》,联经出版事业股份有限公司1984年版,第27—36页。

[2] 故宫博物院明清档案部编:《清末筹备立宪档案史料(上册)》,中华书局1979年版,第471页。 管欧:《法院组织法论》,三民书局1990年版,第9页。 梶川俊吉『中華民国司法制度——治外法権に関する研究』司法研究所1943年14页。

[3] 《大理院审判编制法》的原文,参见政学社编:《大清法规大全法律部卷七》,考正出版社1972年版,第1—3页。

[4] 谢振民编著:《中华民国立法史(下册)》,中国政法大学出版社2000年版,第987页。 如后所述,清末颁行的法院编制法,在中华民国时期屡经修订,一直援用至20世纪30年代。

判厅。[1]

值得注意的是，清末的《法院编制法》规定，"大理院卿有统一解释法令必应处置之权。但不得指挥审判官所掌理各案件之审判"（该法第35条），赋予了最高审判机关大理院以法令统一解释权。由此，伴随着司法制度改革的启动，由司法机关作质疑解释的"司法解释制度"登上了历史的舞台。[2]

2. 欧陆型司法制度的确立

中华民国成立后不久制定的《中华民国临时约法》（以下简称《临时约法》），采取了三权分立的原则。该约法在第六章"法院"部分，规定了法院的组织和权限、法官的任命和身份保障、审判的独立和公开等现代司法制度的基本原则。关于司法权的构造，该法和当时的日本一样，采取了在司法审判机关之外另设行政法院（平政院）的制度框架。[3] 在法院组织体系方面，根据临时大总统令，

---

〔1〕 管欧：《法院组织法论》，三民书局1990年版，第9—10页。 当时，法部制定了逐步建立现代司法制度的具体计划《统筹司法行政事宜分期办法》，于1909年2月奏呈清廷。 其内容，详见梶川俊吉『中華民国司法制度——治外法権に関する研究』司法研究所1943年15頁。

〔2〕 在其后的中华民国时代，作为最高司法机关的大理院、最高法院以及司法院相继被赋予了法令统一解释权。 中华人民共和国成立后，作为最高审判机关的最高人民法院经常对下级人民法院关于法律适用问题的请示作出批复，有时直接就法律适用问题制定条文化的"司法解释"，例如1988年最高人民法院《关于贯彻执行〈中华人民共和国民法通则〉若干问题的意见（试行）》。

〔3〕 关于行政审判，《临时约法》第49条规定"法院依法律审判民事诉讼及刑事诉讼。 但关于行政诉讼及其他特别诉讼，别以法律定之"；第10条规定"人民对于官吏违法损害权利之行为，有陈诉于平政院之权"。《临时约法》的原文，收录于张耀曾、岑德彰编：《中华民国宪法史料（上编）》，文海出版有限公司1981年版。 1914年颁行《平政院编制法》后，设立了平政院，开始掌理行政诉讼。 此外，根据同年颁行的《文官惩戒委员会编制令》，设立了文官高等惩戒委员会，开始掌理高等文官之惩戒。 参见史庆璞：《法院组织法新论》，三民书局2001年版，第37—38页。

第二章　北洋政府时期的司法权与宪法解释制度

清末颁行的《法院编制法》等旧法仍然继续有效,[1] 因而,以大理院为顶点的四级三审制得以延续。但在实际上,由于各地还没有设立起新式的审判机关,因而在很多地方,仍然是继续由行政官僚兼理审判。1915年6月20日,北洋政府对清末的《法院编制法》进行修订,重新颁布施行。这次修订主要是取消了初级审判厅的设置,将法院的组织改为三级,即地方审判厅、高等审判厅和作为最高审判机关的大理院。[2] 其中,关于大理院的规定并未作任何修改。因而,法令统一解释权仍旧掌握在大理院院长的手中。

3. 国会制宪的挫折

北洋政府时期,因独裁、战乱、政变等原因,国会无法发挥其议事功能,宪法起草的工作因而几度搁置。在此,笔者仅以该时期颁布的《中华民国约法》和《中华民国宪法》为对象,对其中有关司法权的规定进行考察。

1914年,袁世凯解散国会,废弃了国会起草的宪法草案(史称"天坛宪草"),然后组织临时约法会议,以修改《临时约法》的方式于同年5月颁布了《中华民国约法》(史称"新约法""袁记约法")。"新约法"中的"法院"一章与《临时约法》相比,有以下不同:①在司法权的独立方面,将《临时约法》上规定的"法官独立审判,不受上级官厅之干涉"修改为"法院依法律独立审判民事诉讼、刑事诉讼",强调了"法院"独立、"依法律"审判的原则;②"新约法"将《临时约法》上规定的"法院以临时大总统及司法总长分别任命之法官组织之"修改为"司法以大总统

---

[1] 谢振民编著:《中华民国立法史(上册)》,中国政法大学出版社2000年版,第54—55页。

[2] 1915年修订后的《法院编制法》原文,参见商务印书馆编:《中华民国现行法规大全》,商务印书馆1933年版,第1119—1125页。

任命之法官组织法院行之",将法官的任命权集中于大总统;③"新约法"追加了对大总统的弹劾由立法院向大理院提起诉讼的规定,将弹劾大总统案件的审判权赋予大理院。[1] 袁世凯复辟帝制失败后,黎元洪于1916年6月29日发布大总统令,宣布恢复《临时约法》与国会权限,这部"新约法"随之被废弃。[2]

国会重开后,开始审议宪法草案。1917年,总统与内阁总理之间就是否参加一战发生"府院之争",导致国会二次解散,"天坛宪草"的审议因而中断。1923年秋,在军阀战争中获胜的曹锟通过大规模的收买活动,将民初旧国会的议员们召集到北京重开国会。三度重开的国会选举曹锟为大总统,并迅速审议通过了宪草,于曹锟就任大总统之日(同年10月10日)公布了《中华民国宪法》(史称"曹锟宪法")。这部中国历史上最早的宪法典,其司法权部分与《临时约法》和"新约法"相比,除了补充规定大总统对"最高法院院长之任命,须经参议院之同意"(该宪法第98条第2款),还与规定立法权、行政权的条文相呼应,规定"中华民国之司法权,由法院行之"(该宪法第97条),明确了三权分立的政治框架。特别是,关于司法权的范围,该宪法规定"法院依法律受理民事、刑事、行政及其他一切诉讼。但宪法及法律有特别规定者,不在此限"(该宪法第99条)。[3] 对此规定,宪法草案说明书特别强调,"必须注意的是,不主张设置平政院",[4] 明确表达了

---

[1] 《中华民国约法》的原文,收录于张耀曾、岑德彰编:《中华民国宪法史料(上编)》,文海出版有限公司1981年版。

[2] 谢振民编著:《中华民国立法史(上册)》,中国政法大学出版社2000年版,第118—119页。

[3] 1923年《中华民国宪法》的原文,收录于张耀曾、岑德彰编:《中华民国宪法史料(上编)》,文海出版有限公司1981年版。

[4] 参见宪法起草委员会委员刘崇佑就该宪法草案"法院"部分所作的书面说明,收录于吴宗慈:《中华民国宪法史》,台联国风出版社1973年版,第123—124页。

制宪者要将当时的二元化法院系统（普通法院和行政法院分立）改为一元化的意图。然而，由于曹锟政权在次年就迅速倒台，该宪法实际上未能给当时的司法制度带来变革性的影响。

二、大理院的角色与大理院体制的问题

1. 大理院的角色

民初的国会风雨飘摇,几度解散。在如此动荡的政治局势中,大理院作为最高审判机关一直运转至 1928 年,为近代中国司法权之确立起到关键作用。在探讨民国初年的司法制度之时,有必要考察大理院在其中的功能角色。

首先,大理院在审判工作之外,还以其作出的判决为基础编辑判例要旨集。民国初期,由于战乱和政权更替频繁,国会无法正常发挥功能,因而,民法、商法等的草案一直未能出台。在此背景下,大理院依据清末旧法[1]、习惯以及学说法理来审判民事案件,对于具有先例性质的判决例,则略去具体的案件事实,将具有普遍

---

〔1〕 民国初期,在刑事审判领域的形式法源有 1910 年《大清新刑律》、1912 年《暂行新刑律》以及 1914 年《暂行新刑律补充条例》;而在民事审判领域,由于民法典尚未颁布施行,可资援用的成文法仅有《大清新刑律》中被确认继续有效的民事部分以及民国成立后公布的少数特别民事法规。 参见黄源盛:《民初大理院》,载《政大法学评论》第 60 期(1998 年),第 134—135 页。

第二章 北洋政府时期的司法权与宪法解释制度

规范性的部分录入《大理院判例要旨集》。[1] 大理院的判例对于下级法院具有事实上的拘束力，从而成为法官裁判的法源。[2] 并且，这些判例中所确立的法律原则，后来大多被国民政府制定的民法典所吸收。[3] 故而，民国时代有学者认为，民国初年实行过英美式的判例法制度[4]。

其次，大理院对其内部事务有自主权。1915年的《法院编制法》第158条第1款第1项规定，作为政府司法部长的"司法总长监督全国审判衙门及检察厅"，但该法第47条第3款又规定，"大

---

〔1〕 《大清新刑律》中的民事部分，亦须经大理院斟酌内容，著为判例之后，方能援用。因而在这段时期，大理院的判例便成为最重要的民事法源，对于当时的审判实务影响至为深远。而从实际的情况来看，自1913年至1920年，大理院几乎凡有一判即有一例，其中尤以1918年至1920年这3年间所产生的判例为最多。因当时既乏法律可以依据，又无成例可以遵循，故不得已每逢一案即成一判例。1921年之后，判例明显减少，因已有成例可援，毋须别开新例。根据《大理院编辑规则》的规定，民事判例、解释例依照《大清民律草案》的体例结构，以条为单位，按照编、章、节的顺序编排。收入汇编的判决例，略去具体的案件事实，只录入具有普遍规范性的部分，称为"判例要旨"；解释例亦采用概括的方式收入。属于同一节、内容相关的判决例、解释例，判例又置于司法解释之前。随着判例和解释例的日积月累，大理院的民事判解汇编逐渐结集，而形成民事的法律体系，据此，黄源盛教授认为，将之称为大理院的"立法成果"，亦不为过。参见黄源盛：《民初大理院》，载《政大法学评论》第60期（1998年），第136—138页。

〔2〕 《法院编制法》第35条规定"大理院长有统一解释法令及必应处置之权"，故而，大理院解释法令的判例，经大理院长许可刊布者，固得解为大理院长解释权之作用，而有拘束下级法院的效力。下级法院违反大理院判例所下的判决，大理院固可以破坏法令解释之统一为理由而撤销之。而利害关系人亦可以违反大理院的判例为理由，请求上级法院变更或撤销其判决。参见黄源盛：《民初大理院》，载《政大法学评论》第60期（1998年），第135、137页。

〔3〕 大理院按照《大清民律草案》的体系来编辑民事判例和解释例，从而在实际上建立了民事法的体系。参见黄源盛：《民初大理院司法档案的典藏整理与研究》，载《政大法学评论》第59期（1998年），第5页。

〔4〕 胡长清：《中国民法总论》，中国政法大学出版社1997年版，第36页。胡长清在国民政府制定民法典的过程中，担任民法草案的总纂修。

· 31 ·

理院及分院办事章程由大理院呈准定之。惟施行以前应咨报司法部"。[1] 因此，司法部虽掌握司法行政权，但却仅限于与大理院之行政事务无关的事项。大理院就其司法行政事务均自行制定规则并监督施行，即有自主决定及办理之权。这在客观上巩固了司法权的对外独立。

此外，大理院还有法令统一解释权。关于北洋政府时期的法令统一解释制度的特征，以下将作集中论述。

2. 法令统一解释制度的特征

大理院体制最具特色之处，即在于法令统一解释制度。从大理院1919年制定的《大理院办事章程》[2]来看，当时的法令统一解释制度有以下几个特征：

第一，关于解释的申请人，该章程规定"请求解释者，以公署及法令所认许之公法人、公务员于其职务上就法令有疑义者为限"（该章程第204条）。因而，对来自私人的解释申请，大理院不会受理。实践中，向大理院申请解释者，除下级司法机关以外，还有国务院、陆军部、司法部、其他中央行政部门以及各地方的军政长官。由于大理院处于最高审判机关地位，从而确保了其所作出的法令统一解释具有拘束性，这在一定程度上提高了司法权的地位。[3]

第二，关于解释的对象，除了有关法令之疑义，"就法令无明

---

[1] 根据该规定，大理院于1919年制定了《大理院办事章程》，取代了其在1913年制定的《大理院处务规则》。该章程就大理院本院与分院之关系、大理院长的司法行政权、院内组织、统一解释法令权的行使、编辑事务、会议规则等，做了多达230条之规定。

[2] 参见《大理院办事章程》（第五章"统一解释法令权之行使"），大理院书记厅1919年发行，第80页。

[3] 黄源盛：《民初大理院》，载《政大法学评论》第60期（1998年），第107页。

第二章 北洋政府时期的司法权与宪法解释制度

文之事项请求解答者,不得拒绝解答"(该章程第205条)。关于具体个案问题,则不予解答。

第三,关于解释的效力,该章程规定"大理院关于法令之解释,除法院编制法第三十五条但书情形外,就同一事类均有拘束之效力"(该章程第203条)。

第四,关于解释的程序,该章程规定"请求解释文件由大理院院长分别民刑事类,分配民事或刑事庭庭长审查主稿";"请求解释文件及其复稿,应经民事或刑事庭各庭长及推事之阅视。其与大理院裁判或解释成例有抵触或系创设新例者,应由各庭长及推事陈述意见。若有二说以上,经主张者之提议时,得开民事或刑事推事全员会议"(该章程第206条)。

第五,关于解释的内容,该章程规定"请求解释文件及解答应登载政府公报公示之"(该章程第210条)。由于大理院的法令统一解释对下级法院的裁判具有拘束力,大理院司法解释的公示实际上相当于法律之公布,从而为下级法院的裁判提供了法源。

从法令统一解释的申请要件、解释的对象、程序及效力来看,大理院的法令统一解释并非法官就具体案件所作的判决中的法令解释,而是脱离了具体案件的裁判,抽象地对法令进行的解释。因此,其在法律性质上应该说是一种立法作用,而非司法作用。

另一方面,申请法令统一解释为法官逃避独立裁判案件的职责提供了途径,违反了法官职权独立的原则。而且,使得审级制度为当事人提供的上诉机会失去意义,实质上限制了人民的诉讼权利。然而,从欧陆司法制度导入之初的成熟度,特别是当时地方上的审判实际和基层法官的素质等现实情况来看,这种"请示—批复"式的司法解释制度,或许不能说没有任何的价值。目前,大陆和台湾地区的现行司法制度中,仍然可以看到这种抽象性司法解释制度的

· 33 ·

遗迹。[1]

3. 司法权（法官）独立的现实问题

司法制度的改革自清末启动之后，一直是以审判机关的独立化为基本路径。然而，民国初期，审判机关的独立化困难重重。当时，地方审判机关仅在省府所在地或商埠地设立起来，初级审判厅则因地方财政上的困难无法设立。因而，县知事兼理司法的状况仍然继续。[2] 基于这一现实情况，1914 年，政治会议决议废除初级审判厅，缩减部分地方审判厅，并相继出台了《县知事兼理司法事务暂行条例》《京兆各县司法事务暂行章程》《县知事审理诉讼暂行章程》等司法规则。[3] 因此，司法制度虽然从表面上看是根据《临时约法》以及《法院编制法》建立的，但其根干却已空洞化。四级三审制在实际上已被废止。并且，由于各地军阀割据，战事不断，国家政权尚无法确保稳定持续，司法权的独立更加难以想象。当时，司法机关在军阀统治之下，服务于其政治、军事上的意图，也出现了一些无视人民权利的判决。[4]

另一方面，在采用新型司法制度的司法系统内部，大理院行

---

〔1〕 目前，中国大陆的最高人民法院对下级法院就法律适用问题的请示所做出的批复以正式文件形式公布后，实际上为下级人民法院的审判工作提供了裁判的基准。 而在中国台湾地区，"司法院大法官"在行使"宪法解释权"之外，还行使"法令统一解释权"。

〔2〕 杨幼炯：《近代中国司法制度》，载《中华法学评论》第 1 卷第 5、6 合并号（1937 年），第 30 页。

〔3〕 在未设立法院的各县，作为临时的解决办法，1913 年设置了审检所，由承审员来审理案件。 但由此也引发了承审员与县知事之间的权限争议等的各种纷争，造成操作上的障碍。 因此，1914 年 4 月 5 日施行的《县知事兼理司法事务暂行条例》改由县知事处理司法事务，把承审员改为助理，将各县的审检所一律废止。 参见梶川俊吉『中華民国司法制度——治外法権に関する研究』司法研究所 1943 年 20 页。

〔4〕 李峻：《论北洋政府时期的司法独立》，载《南京社会科学》2000 年第 10 期，第 39 页。

第二章　北洋政府时期的司法权与宪法解释制度

使监督权对法官的职权独立也有不小的影响力。关于对下级裁判的监督，《法院编制法》上有这样的明文规定"大理院及其分院交给下级审判厅相关案件时，下级审判厅对于该案件可以有不同于该法院法令上的意见"（该法第 45 条）。[1] 此外，《大理院办事章程》在第二章"院长"部分中规定，大理院院长于各庭裁判议定后，在检阅判决初稿时如认为有所不当，或对于审判程序认为与法令有所不符之时，可即行指告，并且，对于特定案件之审判事务，如认为有必要，还可征取报告（该章程第 35、36 条）。[2] 这种存在于法院内部的监督权，让我们不禁联想起日本的"平贺

---

[1] 台湾総督官房調査課編『交通自在ナル中華民国司法制度』1920 年 28 頁。
[2] 《大理院办事章程》，大理院书记厅 1919 年发行，第 80 页。《大理院办事章程》第 35 条规定："大理院院长于各庭裁判议定后，就裁判原本行检阅，认有不当情形者，即行指告。 其就各庭所行审判程序，认与法令有未恰者，亦同。"《大理院办事章程》第 36 条规定："大理院院长依案件报告规则，对于特定案件之审判事务认为必要者，除查察所行审判程序、检阅裁判原本外，并征取其事务进行之报告。 大理院案件报告规则由大理院定之。"

中国宪法解释制度源流考

书简事件"（1969年）〔1〕所引发的对"大津事件"（1891年）〔2〕

〔1〕平贺书简事件：1969年，北海道长沼的当地居民起诉日本政府在保安林地带建设地对空导弹基地违反了《日本国宪法》第9条禁止拥有军事力量之规定。 札幌地方法院平贺健太院长给承审法官福岛重雄审判长寄信，希望其尊重政府的决定。 然而，福岛在判决中明确判定自卫队违宪。 之后，福岛认为平贺的行为妨害了司法独立。 将书信内容向新闻界公开，在日本引起很大反响。 日本最高法院迫于舆论压力，对平贺作出"导致国民对裁判的公正产生疑惑"之警告处分，将其调任至东京高级法院。 而保守派的法官们攻击福岛是"反体制的法律集团青年法律家协会的领袖"，使风向转变，翌年，日本最高法院公开批评福岛"加入带有政治色彩的团体"，国会中的法官追诉委员会作出了对平贺不予追诉，对福岛缓予追诉的决定。 据此，札幌地方法院对福岛进行了口头警告，但4年后（1973年），福岛再次在判决中判定自卫队违宪。 日本最高法院事务总局将其调任至东京地方法院。 后来，福岛在调任至福井家庭法院工作了12年后，辞去法官职务出任律师。

〔2〕大津事件：1891年（日本明治24年）5月，沙皇俄国皇太子尼古拉二世前往海参崴主持出席西伯利亚铁道开工仪式时，顺道访问日本。 当沙俄皇太子行至滋贺县最南端的大津市时，遭到担任警卫的警察津田三藏的袭击，额头被刀砍伤两处。 津田认为尼古拉来访其实是想打探日本的虚实，为进攻日本做准备，因此实施了刺杀行动。 当时，日本政府方面担心与沙俄的邦交问题，于是对负责审理该案的法官施加压力，要求适用刑法上关于谋杀皇室的规定，判处死刑。 当时的大审院长儿岛惟谦认为，国法的严守是统治的根基，刑法上所谓的"皇太子"并不包含外国皇太子，因此，应适用刑法中关于普通谋杀罪的规定，并亲自前往大津说服承审法官。 结果，法庭以普通的谋杀未遂罪判处津田三藏无期徒刑。 判决之后，日本外务大臣、法务大臣及内政大臣相继辞职。 而津田三藏后来病死狱中。 出人意料的是，在审判前态度十分强硬的沙俄接受了这样的判决。 沙俄宫廷方面称，由于尼古拉伤势不重，加上日本立即道歉，沙俄方面对日本的做法表示满意。 "大津事件"11年后，爆发了日俄战争，当年的尼古拉皇太子作为末代沙皇登上了政治舞台。

第二章 北洋政府时期的司法权与宪法解释制度

的反思和批判。[1] "大津事件"是日本司法史上的标志性事件。大审院长儿岛惟谦说服承审法官抵抗了来自政府的干涉,被普遍认为是捍卫了司法独立而受到高度的评价。但是,其在法院系统内部干涉了承审法官的独立判断,亦不容否认。故而,对儿岛惟谦的行为应如何评价,成为了法哲学思考的课题。

---

[1] 在大津事件中,大审院长儿岛惟谦说服该案承审法官抵抗了来自政府的干涉。对于这一行为,将儿岛誉为"护法之神"的评价广为普及,还有人认为,大津事件后,日本的法院才得以确立起司法独立的传统。但是,很早就有人批判指出,儿岛在强调司法独立的同时,却超越其监督权的范围,对承审法官施加了干涉。对此,官泽俊义认为,"法官以外之人对法官判决之干涉是否违法,要视其所干涉的判决之内容而定","如果不那样看的话,要联系司法独立的原理来论证儿岛院长行动的合法性,恐怕不可能成立吧"。参见宮澤俊義「大津事件の法哲学の意味」宮澤俊義『憲法と裁判』有斐閣 1967 年 226 頁以下。对于宫泽俊义的这一观点,家永三郎则认为,"干涉者不论是政府,还是法院内部的上级法官,他们都是认为自己主张是正当的,从而决定进行干涉的。讨论干涉是否正当,只会变成各说各话的无谓争论,结果还是不能排除干涉","1969 年札幌地方法院平贺健太院长在长沼诉讼中对承审法官福岛重雄施加干涉,基本上就是基于这个逻辑"。家永三郎认为,儿岛说服承审法官的行为之所以合法,理由在于"该行为具有紧急避险的性质,其违法性因而被阻却"。参见家永三郎「大津事件における司法権の独立」児島惟謙著、家永三郎編注『大津事件日誌』平凡社 1971 年 264—265 頁。家永三郎进一步指出,"目前,最高法院仍然不断地对下级法院施加干涉,对于儿岛的做法,如果不特别以严格的逻辑来进行评价,现实中,就会导致监督机关对审判的干涉获得正当化,因此必须慎重"。参见家永三郎『司法権独立の歴史的考察』日本評論社 1967 年 68—69 頁。另外,田冈良一谈到"平贺书简事件",则是从日本《裁判所构成法》第 143 条的解释论出发,论证儿岛对其下属法官们施加的干涉在性质上是违法的,但需注意的是,田冈良一对家永三郎的批判,主要是从国际政治的观点出发的。参见田岡良一「児島大審院長の行動の法律学的批判」田岡良一『大津事件の再評価』有斐閣 1983 年 162 頁以下。

三、关于司法权的制宪构想

民初的国会制宪历经曲折,及至曹锟政府时代终于告一段落。下面,本文将以 1923 年《中华民国宪法》的制宪史料为中心,探究当时的制宪者关于司法权的理念和认识。

1. 司法权的范围

国会的宪法起草工作,对于是否将宪法解释权和行政裁判权归属于司法权的问题非常重视,在宪法草案的总说明书中,关于司法权的制宪趣旨,有较为详细的说明。

（1）宪法解释权

在近代立宪主义确立之初,议会中心主义占据主导地位,这一时期,议会最终采取了行使立法权的形式来表达其对宪法的有权解释（例如,日本明治宪法下的立宪学派美浓部达吉也认为"宪法理应由立法机关来维护"）。与之相反,主张行政优越的一方则提出,应当将宪法保障的职责托付于总统（例如,德国施密特的《论宪法的守护者》）。而像美国那样,联邦最高法院自己通过判例来行使审查权的情形,则被看作是一种例外。[1]

而在中国,民国初期,也有学者（如王宠惠）主张像美国那样将宪法的解释委托法院来进行,[2] 但国会起草的 1923 年宪法却将宪法解释权归属于由国会议员所组成的"宪法会议"（该宪法第139、140 条）。关于其理由,宪法起草委员会委员长汤漪在其提交的《总说明书 一》的第五部分中,以"宪法之解释"为题做了如

---

[1] 樋口陽一『憲法』創文社 1998 年 420—421 頁。
[2] 参见王宠惠:《中华民国宪法刍议》,南华书局 1913 年版,第 21—25 页。

第二章 北洋政府时期的司法权与宪法解释制度

下的说明：[1]

首先，关于宪法解释权的功能，总说明书开宗明义道"命令抵触法律，则命令当然无效；法律抵触宪法，则法律当然无效"。而要"证明其所以然"，则须经由宪法解释。

其次，关于宪法解释权的归属，总说明书对当时的各国宪法进行了概观。即"各国宪法上以明文规定者盖寡。惟智利宪法第一百五十五条、土耳其宪法第一百十七条、澳洲联邦宪法第七十六条，皆以解释宪法之权属诸议会，且于明文规定之。其无明文规定者，可析为二系，一曰英美系，二曰大陆系。英美系委解释宪法之权于法院，而大陆系则否认法院有解释宪法之权"。

最后，关于该宪法草案的制宪原则，总说明书明言"本草案所规定，与大陆系之主张略同，而较智利各国所规定者为严重。一言以蔽之，则以解释宪法之权，属诸制定宪法之机关而已"。对此，提出了以下三个理由：其一，"制定宪法既为纯粹造法机关之作用，则宪法制定后，与众法所发生之冲突，自非由造法机关自为之解决不可。假令于造法机关以外而任其他机关之意思得以侵入于其间，则宪法之根本上时虞其动摇。故与其法院有解释宪法之权，毋宁以解释宪法之权属诸制定宪法之机关为愈也"。其二，"制定宪法者为一机关，而解释宪法者为别一机关，则于当时立法者之本意自不能无所出入。其结果乃至统系不明，自乱其例，否则望文生义，流于附会，而宪法之精神，必将蒙其损害"。其三，"宪法权与立法权自严格之法理而言，固属两事，其在先进诸国制定宪法之际，尤以特设机关行之者，而在吾国，则以两院组成之宪法会议行使其职权。是则宪法会议实别于国会，而成为一种特设之造法机关，无可疑也。宪法会议者，大多数人民所委托之代表所组织也。法院者，政

---

[1] 吴宗慈：《中华民国宪法史》，台联国风出版社1973年版，第75—76页。

府所委任少数之法官所构成也。使法院而握解释宪法之权，则是以少数法官之意思而审定大多数人民代表之意思，揆诸定宪之原则，未免背驰"。

特别是，总说明书中，对于不承认司法机关有宪法解释权之现实理由，有这样一段阐述：

"凡此所云，皆就法理一方面而讨论其得失也。衡之于事实，则吾国政治上之现象，固已予吾人以明确左证矣。当国体问题发生之际，论者或以为临时约法未尝有国体不得变更之规定，则变更国体是否违宪，应由最高法院决之。顾大理院提起公诉之举，卒不可得。<u>是则法院受政府之支配，虽授以解释宪法之权，而莫能举也，安在其能拥护宪法哉？</u>（下划线为笔者所加）此证诸吾国最近经过之事实，可知解释宪法之权当属诸制定宪法之机关，更无所用其置疑矣。"

（2）行政裁判权

如前所述，《临时约法》将对官吏违法处分之行政诉讼归属于平政院，把行政裁判权排除于司法权的范围之外。而国会的"天坛宪草"则相反，把行政裁判权纳入法院的权限。袁世凯在反对"天坛宪草"、破坏制宪活动之时，曾以此为理由之一。[1]因此，袁世凯的"新约法"与国会的制宪构想相反，保留了关于平政院的规定。而袁世凯死后，1923年公布的宪法当然是原样沿袭了"天坛宪草"里面关于司法权的那些规定。对此，宪法起草委员会委员蒋举清在《总说明书二》中"不取行政裁判制之理由"这一部分，在概述了当时各国的行政裁判法制之后，作了如下的说明：

"今欲问中国是否应设行政裁判所，宜先问行政裁判所与将来宪法上所赋予人民之权利及自由其关系为何如……在无行

---

〔1〕详见谢振民编著：《中华民国立法史（上册）》，中国政法大学出版社2000年版，第86页。

第二章 北洋政府时期的司法权与宪法解释制度

政裁判所之国家,如英如美如坎拿大如奥斯大利亚如比利时,以为法律原则首在平等,一国之中,无论何种阶级,在法律眼光之下均为平等,不宜歧视。合乎此原则者,指其国家为平等法制之国,背乎此原则者,指其国家为特权法制之国。其界说之严如此。民国新造,首宜崇尚法治。法治之要义,在生息于同一领土上之人民受同一法律之支配。故中国欲勉为完全法治之国家,宜先勉为法律平等之国家。因而推定中国不宜特设行政裁判机关,因而断定宪法上不应规定此种机关。"[1]

接下来,总说明书对若干的质疑展开反驳,[2] 然后,提出了采取该制度在现实中会遇到的困难。首先,是管辖权问题。"在有行政裁判所之国家,一诉讼事件发生两种法院或积极的争欲受理,或消极的均不受理,于是两种法院之上不能不设一最高机关以解释权限。德、法两国均有权限争议裁判所之设,即为此也。"但是,

---

[1] 吴宗慈:《中华民国宪法史》,台联国风出版社1973年版,第76—77页。
[2] 总说明书对于质疑的反驳理由有以下几点:其一,"也谓平等法制之国不宜设特种行政裁判机关,则英国法律号称平等,何以有海事裁判所、军事裁判所之设乎?不知海事裁判限于船舶,军事裁判限于军人,而行政裁判则涉及一般人民权利义务,不能相提并论"。 其二,"或曰行政管辖事务性质复杂,若以行政诉讼归普通法院裁判,在司法官既无各项专门学识,则审判必不能敏速公允。 不知两私人间路矿之诉讼事所恒有,倘行政诉讼必以专门学识之官吏裁判之,则私人间路矿诉讼亦必以路矿专门学者充裁判官之席而后可,岂通论乎?"其三,"或曰三权分立为立宪政治一大原则,行政诉讼系指官吏违反行政法规而言,官吏是否违反行政法应由行政裁判所裁判,毋庸普通法院干预以束缚其自由裁量。 不知正因行政裁判所得以自由裁量,故人民权利为宪法所保障者,行政裁判所得自由伸缩之,使直接而增减人民之权利者,即间接增减宪法之效力也。 呜呼,可况三权果绝对分立,则一国裁判权尊无二上,行政诉讼之涉及人民权利义务者,断不许行政部于其裁判权之下宣布最后之判词也。"其四,"或曰行政诉讼乃国家机关与私人间之诉讼,非官吏个人与私人间之诉讼,以司法机关裁判行政机关,是为司法干涉行政。 不知国家虽为公法人,然若与私人交涉或为私法上行为时,则与私人立于对等之地位,受握有私法上裁判权之裁判官裁判,法律尊严等于神圣,虽国家亦有服从之义务,而不然者则革命必起。"参见吴宗慈:《中华民国宪法史》,台联国风出版社1973年版,第77页。

这些复杂的手续"使当事人费时伤财,莫此为甚。若归普通法院管辖,则手续简单,绝无此弊"。其次,则是审级问题。"除日本行政裁判所为单一制外,法与德为二级制,普鲁士为三级制。中国幅员辽阔,最简亦须采二级制。然试思各行省及各特别区域设行政裁判所若干,裁判官需岁俸若干,其他经费若干。当民穷财尽之时,为赘疣骈枝之举,理论事实两所不许。此起草委员会再三审慎,终不敢以他国所已经推行者而贸然采用之也。"[1]

2. 司法的观念

如上所述,国会的宪法案与英美一样,将行政裁判权归属于法院,使民事案件、刑事案件以及行政案件的裁判权统合于司法权之中,但是,我们不能由此就断言其接受了英美的司法观念。

英美传统的司法观念"法治"的原理是,决定什么是法的最终决定权,属于从立法、行政这些政治权力中独立出来的法院。[2]基于这一原理,并不存在与民事案件相区别的行政案件这种观念,不像大陆法系国家那样认为行政案件与普通的民事案件在性质上有所不同。因而,在英美,行政案件的裁判权包含于司法权中,被看作是理所当然的事情。[3]

再来看中国的情况。民国初年国会的宪法案与英美一样,要把行政案件的裁判统合于司法权之中,但却又与袁氏"新约法"上的依法审判原则一样,要求司法活动必须以法律为根据。如此一来,法官只能服从于国会的制定法,与其说是"法治",倒不如说是"法律之治"更为恰当。此外,该宪法的总说明书对于宪法解释权归属问题,将宪法解释看作是"造法机关"(制宪机关)的功能,

---

[1] 吴宗慈:《中华民国宪法史》,台联国风出版社1973年版,第78页。
[2] 田中和夫『英米法概说』有斐閣1981年72頁。
[3] 浦部法穂『憲法学教室』日本評論社2000年316—317頁。

第二章 北洋政府时期的司法权与宪法解释制度

把司法机关解释宪法看作是对造法机关功能的"侵入"。这种立场实际上忽视了司法过程所不可或缺的造法功能,体现出了将司法过程的性质看作是对法律的执行(法执行作用)的近代法解释观。这种"行政型司法"[1]的观念与英美的"法治"司法观之间格格不入,也是不言而喻的。

---

[1] 芦部信喜对于18世纪到19世纪时期司法在欧洲大陆法上的地位,指出那是以单纯适用法律为职务的权力,司法对其他权力进行制约的制度全都遭到排斥,并将这一特征概括为"行政型"一词。参见芦部信喜『人権と憲法訴訟』有斐閣1994年5—7頁。

四、司法释宪的可能性

1. 从宪法解释制度看司法制度的课题

1923年的《中华民国宪法》虽然最终未能付诸实施,但从中,我们能够看出当时的制宪者(国会)对于宪法解释制度的认识和立场。

从前述的宪法草案总说明书来看,制宪者对于宪法解释制度的功能,已经清醒地认识到宪法的解释不仅仅是对宪法条文的解说,而且还具有对以民意为基础的法律之合宪性进行"审查"的功能。其中,关于为何不承认司法机关有宪法解释权,列举了三个理由:①解释宪法是"造法机关"(制宪机关)的作用,不应由司法机关来进行;②宪法解释权只有保留在制宪者手中,才能够确保对宪法的解释符合宪法的本意;③司法释宪欠缺民意基础。其中,第③点可谓是司法审查的致命伤。司法审查与民主主义之间存在着紧张关系,故而关于司法审查的正当性,学说上向有争议,因此第③点具有一定的说服力。而第①点和第②点,虽然不允许"造法机关"以外的其他机关行使宪法解释权,但对于现行制度下大理院在行使同样发挥着"造法"功能的法令统一解释权问题,却只字未提。

另外,该说明书还从事实出发,提到了法院在释宪方面功能不彰的问题,指出当时的司法权还处于不能独立于政府的状况。不过,就其中所举的例证来说,应否恢复帝制的"国体问题"本属政治问题,大理院对该案采取消极立场,也未必有何不妥。另一方面,关于司法独立的问题,国会所采取的立场并不是通过加强法官独立来为司法审查的功能发挥创造可能性,而是以保障人权、防止

第二章 北洋政府时期的司法权与宪法解释制度

专制为己任，不允许司法权"侵入"到宪法解释的领域。

这样的宪法解释观与当时的历史背景是分不开的。在民国初期尤其是制宪过程中，总统制与内阁制、中央集权与地方自治等的对立论调发生着激烈的碰撞，而在其底部，辛亥革命之后持续而来的政治斗争暗涛汹涌。袁世凯解散国会，使制宪工作被迫中断，就是其极端的反映。这段经历对于民初的国会议员们来说，是个很大的刺激。宪法起草委员会委员长汤漪在宪法草案的总说明书回顾说，"吾国宪法之争议开始于民国初元，而大盛于民国二年本草案告成之日。反对者乃至不惜推翻国会，以为根本解决之计划。反对者之言曰：有强国之宪法，有弱国之宪法，有亡国之宪法。抽绎其旨，最为简捷，以为大权集于一人，则其国强；分配于各机关，则其国弱；采用议会政府制，则其国亡耳"。对此，汤漪指出，宪法之精神与革命之目的相同，"一曰防专制之发生，二曰争政治上之自由"；"所谓专制，盖有二种。一为个人之专制，一为制度上之专制。个人之专制非立法所能防，即非立法所应防，故对人立法之观念绝对为宪法所排斥。制度上之专制，则立法者应负其责，宪法所固有之作用也。使一权独张而他权因之失其独立之作用，其为专制，乃在制度，彰彰明矣"。[1] 身处军阀独裁之乱世，制宪者心目中的三权分立的宪法，乃是崇尚议会中心主义的近代宪法，因而受制于历史的局限，忽视了立法机关进行专制独裁的可能性。但不可否认，在那个动荡的时代里，即使是坐拥民主正当性、手握立法权的国会，尚处于风雨飘摇之中，作为"既无财权也无军权"的法院，又怎么可能凭借解释宪法来对抗军阀政权呢？故而，从当时的政治现实来看，国会将宪法解释权保留于自己手中，也可以说是不得已的选择。

---

[1] 吴宗慈：《中华民国宪法史》，台联国风出版社1973年版，第69—70页。

另一方面，这种立场与"行政型司法"的观念也有关联。要求司法活动依法律进行，虽然是为了制约司法的恣意专断或独裁者操纵司法，但也会扼杀司法释宪的可能性。而且，如果司法不能独立，法官是否会像制宪者所期待的那样服从国会的制定法，也是很难说的。从这种"行政型司法"的观念来看，法官（司法权）难以确立起权威的地位，无法作为"宪法的守护者"来行使宪法解释权，也是必然的结果。

2. 大理院宪法解释的特征

如前所述，大理院的法令统一解释并非司法过程所固有的法律解释，而是脱离了司法过程来"决定什么是法"。因此，其与英美式的"法治"思想之间，并没有什么关联。大理院在作法令统一解释之时，与其说是一个司法机关，倒不如说是在为其他机关提供咨询意见。

值得注意的是，在大理院的法令统一解释例中，曾有对宪法性文件（约法）的解释，其在审判中，亦曾适用约法进行裁判，这些均可看作是宪法解释。适用约法的解释例，例如，对于湖北高等审判厅的电报请示，统字第 7 号解释（1913 年 3 月 10 日）回复："选举诉讼准用现行民诉程序，由民庭审判"[1]；对于江西高等审判厅的电报请示，统字第 779 号解释（1918 年 5 月 9 日）回复："依约法信教自由之规定，夫自不能禁妻之奉教"[2]，等等。适用约法的判例，例如，抗字第 46 号判例（1914 年）谓：依《临时约法》第 10 条"行政诉讼则应陈诉于平政院非普通法院所应受理"[3]；声字第 176 号判例（1915 年）则适用到"新约法"第 8

---

[1] 郭卫编：《大理院解释例全文》，成文出版社 1972 年版，第 3 页。
[2] 郭卫编：《大理院解释例全文》，成文出版社 1972 年版，第 429 页。
[3] 郭卫编：《大理院判决例全书》，成文出版社 1972 年版，第 1 页。

条,谓"是按照约法及平政院编制令,普通法院只能审判民事及刑事诉讼,而行政诉讼及诉愿则应分别状请于该管上级行政长官或呈诉于平政院,非普通法院所应受理"[1];上字第 1308 号判例(1918 年)谓:"约法载人民有信教之自由等语,寻释法意,举凡人民无论男女及有无完全行为能力,均可自由信教,并不受有何等限制。又查妇人私法上之行为固受夫权之限制,但其宗教上之信仰,自非夫权所能禁止"[2],等等。

以上几个宪法解释的共同点在于,它们都不是依据宪法规范来审查法令的合宪性,以发挥宪法保障的作用,而仅仅是对宪法规范的援引适用或补充解释。其中,大理院的判例虽然将宪法规范作为了裁判的法源,但并不是作为判决的前提问题来审查法令的合宪性,也许只是无意识地援引了宪法规范。然而,这并不意味着北京政府时期没有违宪的法令,只能说大理院对于法令的违宪审查是采取了消极的态度。

大理院的法令统一解释既然在性质上并非司法作用,也就谈不上与"司法"释宪有什么关系了。而这样的宪法解释,无论是有保障人权意义的,还是所谓补充宪法漏洞的,都是大理院直接向法官提供法源,以此替代了下级法官在审判中自行解释宪法的独立司法作用。这里面,也同样地体现了"行政型司法"的观念。

---

[1] 郭卫编:《大理院判决例全书》,成文出版社 1972 年版,第 1 页。
[2] 郭卫编:《大理院判决例全书》,成文出版社 1972 年版,第 1 页。

五、小结

宪法只有通过解释使其含义具体化、明确化，才能成为裁判的基准。因此，谁掌握宪法解释权，谁就是担当宪法保障、违宪审查的机关。如前所述，在北洋政府时期，已有学者主张宪法解释权应归属于法院，期待法院成为宪法的守护者，但这种汉密尔顿式的司法观并没有被当时的制宪者和司法者们所认同。

民初的议会在动荡的军阀政治中风雨飘摇，无法正常地发挥其功能。这种民主政体逻辑和军阀统治现实相互矛盾的局面，强化了制宪者对议会民主政治的渴望和憧憬。在他们看来，对宪政的威胁主要来自军阀势力盘踞的行政部门，保障私权、制约公权的途径，是通过议会立法和法院依法审判来制约行政权，而非立法与司法、行政之间的分权制衡，因此，宪法解释权必须保留在作为最高机关的议会手中。这让我们联想到英国的议会主权思想。在著名的博纳姆医生案中，柯克大法官以违反"一般正义与理性"为由宣布了一项国会的立法无效。他主张普通法可以审查议会的法案，甚至裁决其为完全无效。[1] 但光荣革命后，英国确立了议会主权原则，法院必须遵从国会的制定法，对立法的审查只能由上议院来进行，因而，柯克的这个理论未能在英国付诸实践。但是，柯克思想的种子在同属普通法系的美国传播开来，最终结出了美国式司法审查和分权制衡的果实。

在北洋政府时期的司法领域，由于司法机关的独立化尚处于起步阶段，司法独立孱弱的现实加深了对司法的不信任和对司法释宪

---

[1]　[美]小詹姆斯·R. 斯托纳著，姚中秋译：《普通法与自由主义理论——柯克、霍布斯及美国宪政主义之诸源头》，北京大学出版社2005年版，第81—82页。

第二章　北洋政府时期的司法权与宪法解释制度

的抵触心理，这也是制宪者否认法院有宪法解释权的原因之一。并由此，通过法律或作为其替代手段的司法解释、判例要旨来加强对司法裁判的立法控制获得了正当性，从而形成了将法官定位为法律执行者的欧陆式"行政型司法"观念，即要求法官"依据法律进行审判"，司法机关与行政机关同样担当着执行法律的角色，而法律自身是否合乎正义，不属于司法判断的范围。在这种欧陆式"行政型司法"观念的"训诫"之下，尽管法官坐在裁判者的席位上，但其在"以法律为准绳"裁判案件之时，却如同戴着镣铐的舞者。

值得注意的是，在清末民初的大理院体制下登上历史舞台的司法解释制度，后来延续至今，成为了近现代中国司法制度的一大特色。从大理院的解释例和判决例里面，我们偶尔也能发现援引宪法性文件的只言片语，但这些都不具有对立法进行合宪性审查的性质。可以说，无论是从法官的角色定位来看，还是从司法解释制度的实际功能来看，当时的司法机关自身还不具备质疑议会立法、看守宪法秩序的主客观条件。在这样的时代背景下，汉密尔顿式的司法释宪理想，也只有在少数的学者精英那里才能够获得一些共鸣。

第三章 国民政府时期的司法权与宪法解释制度

一、司法院体制的形成

国民党在北伐成功之后，根据孙中山的五权宪法理论，在政府组织架构上采五权分立原则，以行政院、立法院、司法院、考试院、监察院五院组建国民政府。其中，司法院虽然处于最高司法机关的地位，但在组织和权限上颇具特色。这一体制的形成经历了以下几个阶段。

1. 大理院的设立

在北洋政府时期，孙中山自1917年始，曾数次以恢复《临时约法》为号召，自立革命政权，与北京政权对峙。1919年建立广州护法军政府之时，曾根据《法院编制法》于同年3月5日设立大理院。[1] 孙中山去世后，领导广东革命政权的国民党于1925年7月1日制定《中华民国国民政府组织法》，建立国民政府。该法的

---

[1] 钱端升等：《民国政制史（上册）》，商务印书馆1945年增订版（上海书店1989年影印本），第180页。

第三章　国民政府时期的司法权与宪法解释制度

第1条开宗明义地规定，"国民政府受中国国民党之指导及监督，掌理全国政务"。[1] 尽管该法未就司法机关作任何规定，但实际上，当时的广州国民政府也设立了大理院。关于司法行政事务，最初是由大理院下设的司法行政事务处掌理；1926年1月，司法行政事务处被裁撤，根据司法行政委员会组织法，司法行政事务移交行政院下设的司法行政委员会掌理；同年11月，司法行政委员会又被裁撤，根据司法部组织法，司法行政事务由行政院下设的司法部掌理。[2]

其后，在国共两党合作下，国民革命军的北伐取得节节胜利。为落实司法制度革命化的方针，广州国民政府委员、司法行政委员会主席徐谦组织"改造司法委员会"，于1926年11月向国民党中央政治会议提交《改造司法制度案》，并获得通过。该方案旨在从根本上推翻旧司法制度，其主要内容包括：①废除司法官不党之法禁；②废止法院内行政长官制，在法院内设行政委员会；③审判机关改称法院，改采二级二审制；④废止检察厅，在法院内设检察官；⑤采用参审制和陪审制。[3] 然而，翌年（1927年）4月，汪精卫从莫斯科回国后与蒋介石政见不合，其后出现南京政府与武汉政府的分裂局面（"宁汉分裂"）。当时，在南京国民政府控制的地区，《改造司法制度案》并未获得实施。但在此之前，1927年2月13日修订的《中华民国国民政府组织法》已开始规定，最高司

---

[1] 1925年《中华民国国民政府组织法》的原文，收录于张耀曾、岑德彰编：《中华民国宪法史料（上编）》，文海出版有限公司1981年版。

[2] 钱端升等：《民国政制史（上册）》，商务印书馆1945年增订版（上海书店1989年影印本），第171页；谢振民编著：《中华民国立法史（上册）》，中国政法大学出版社2000年版，第375页。

[3] 张晋藩主编：《中国司法制度史》，人民法院出版社2004年版，第517页。《政府实行改造司法制度：徐委员提案之原文》，载《国民日报》1927年1月7日，第4版。

法机关为最高法院。

2. 最高法院的设立

南京国民政府成立未久,无暇重新立法,因而决定继受《法院编制法》等民国初期的法令,并陆续制定了一些单行条例。[1] 1927年10月25日,南京国民政府颁布《最高法院组织暂行条例》,设立最高法院,以取代广州国民政府时代的大理院。根据该暂行条例之规定,法令统一解释权仍由最高法院院长行使。[2] 翌年(1928年)6月,北伐军占领北京,北洋政府落幕,清末民初的最高审判机关大理院也随之退出历史舞台。

3. 司法院的设立

北伐结束后,胡汉民与孙科在旅欧途中,从巴黎致电国民政府,提议实行孙中山在《建国大纲》中提出的五权宪法制度。[3] 其后,1928年10月8日公布的《国民政府组织法》首次根据孙中山的五权宪法论,规定"国民政府以行政院、立法院、司法院、考试院、监察院五院组织之"(该法第5条)。关于司法院,该法规

---

〔1〕 国民党中央政治会议第一百二十次会议有援用以前法律之决议,文云:"一应法律,在未制定颁行以前,凡从前施行之各种实体法、诉讼法及其他一切法令,除与中国国民党党纲或主义,或与国民政府法令抵触各条外,一律暂准援用。"该决议案经国民政府颁布,于1927年8月12日通令遵照适用。 参见谢振民编著:《中华民国立法史(上册)》,中国政法大学出版社2000年版,第211页。 同年12月又决定,沿用四级三审制,唯大理院改称最高法院,各审判机关皆改称法院。 参见钱端升等:《民国政制史(上册)》,商务印书馆1945年增订版(上海书店1989年影印本),第180页。 因而,在商务印书馆1933年12月出版的《中华民国现行法规大全》中,北洋政府时期的《法院编制法》作为有效的法令,被收录于其中。

〔2〕 钱端升等:《民国政制史(上册)》,商务印书馆1945年增订版(上海书店1989年影印本),第180页。

〔3〕 杨幼炯:《近代中国立法史》,商务印书馆1936年版(上海书店1989年影印本),第351页。

定:"司法院为国民政府最高司法机关,掌理司法审判、司法行政、官吏惩戒及行政审判之职权"(该法第33条)。[1] 在此基础上,同月20日制定的《司法院组织法》在既存的最高法院之外,又规定司法院为中央司法机关,根据该法第3条,司法院院长"行使统一解释法令及变更判例之权"。[2]

司法院成立后,管理司法行政事务的司法部由行政院移至司法院,改称司法行政部,并于1929年4月17日公布《司法院司法行政部组织法》。[3] 关于行政审判权,根据1932年的《行政法院组织法》,又设立了行政法院。至此,以司法院为最高司法机关的司法院体制的框架基本形成。

4. 训政时期约法的制定

关于政治改造的进程,孙中山曾提出"三阶段论",即以武力扫除军阀的"军政"阶段(军法之治)、在国民党领导之下培养人民参政能力的"训政"阶段(约法之治)、在实现地方自治之后解散国民政府并开始实施宪法的"宪政"阶段(宪法之治)。北伐结束后,蒋介石裁减军队,导致其他派系联合反蒋,1930年又拉开"中原大战"的序幕。阎锡山、冯玉祥、汪精卫等在北平成立的"中央党部扩大会议"(以下简称"扩大会议")主张应制定约法,将之作为重组国民党的号召。其后,张学良表态支持蒋介石并进军北平,反蒋联军溃败而退至太原。"扩大会议"在解散之前,于

---

[1] 1928年《国民政府组织法》的原文,收录于张耀曾、岑德彰编:《中华民国宪法史料(中编)》,文海出版有限公司1981年版。

[2] 商务印书馆编:《中华民国现行法规大全》,商务印书馆1933年版,第197页。

[3] 谢振民编著:《中华民国立法史(上册)》,中国政法大学出版社2000年版,第376页。《司法院司法行政部组织法》的原文,参见商务印书馆编:《中华民国现行法规大全》,商务印书馆1933年版,第233页。

1930年10月27日在太原通过并发表《中华民国约法草案》（史称"太原约法草案"）。[1]在这部"太原约法草案"上，司法院除了被明确定位为"司法行政机关"之外，在其他方面，与南京国民政府的司法院体制并无二致。[2]

"太原约法草案"虽未成为法律，但"扩大会议"的约法运动却有促成南京国民政府颁布约法的功能。[3]中原大战结束后，南京国民政府改变先前其暂不制定约法的方针，经蒋介石提议，于1931年6月1日颁布《中华民国训政时期约法》。该约法规定"国民政府设行政院、立法院、司法院、考试院、监察院及各部会"（该法第71条），关于司法权的构造，未做具体的规定。[4] 1932年10月28日，国民政府颁布《法院组织法》，实行三级三审制，但其施行却延至1935年7月1日。

5. 五权宪法的起草

"九一八事变"爆发后，在舆论的压力下，国民党不得不承诺早日制宪，结束训政。1933年1月，孙科就任立法院院长，组织宪

---

[1] 北伐结束后，因胡汉民等主张孙中山的遗教即为根本大法，训政期内无须制定约法，1929年3月的国民党第三次全国代表大会通过"确定总理主要遗教为训政时期中华民国最高根本法案"。参见王世杰、钱端升：《比较宪法》，中国政法大学出版社1997年版，第406页以下；荆知仁：《中国立宪史》，联经出版事业股份有限公司1984年版，第385页以下。关于制定约法的议论，参见潘树藩：《中华民国宪法史》，商务印书馆1935年版，第201页以下。

[2] "太原约法草案"对于司法权，规定"司法院未成立以前，关于司法行政，由国民政府设司法部管理之"（该草案第108条），"关于司法审判，设法院管理之。关于行政审判，设行政审判院管理之。其组织均以法律定之"（该草案第109条）。该草案的原文，收录于张耀曾、岑德彰编：《中华民国宪法史料（中编）》，文海出版有限公司1981年版。

[3] 王世杰、钱端升：《比较宪法》，中国政法大学出版社1997年版，第410页。

[4] 《中华民国训政时期约法》的原文，收录于张耀曾、岑德彰编：《中华民国宪法史料（上编）》，文海出版有限公司1981年版。

法起草委员会着手制宪。其后,宪法草案历经几番修订,在通过立法院三读和国民党中央审查之后,于 1936 年 5 月 5 日对外公布(史称"五五宪草")。关于司法权的构造,该草案规定"司法院为中央政府行使司法权之最高机关,掌理民事、刑事、行政诉讼之审判及司法行政"(该草案第 76 条),并规定"宪法之解释,由司法院为之"(该草案第 142 条)。此外,"司法院有统一解释法律、命令之权"(该草案第 79 条)这一表述,首次在宪法文本上出现。[1]

由于各政党对"五五宪草"的争议较大,制宪的程序一再拖延,其后又因"卢沟桥事变"及全面抗战的爆发,结束训政实施宪政的目标只好待抗战胜利后再来完成。结果,"五五宪草"最终并未生效实施。

---

[1] "五五宪草"的原文,参见荆知仁:《中国立宪史》,联经出版事业股份有限公司 1984 年版,附录第 534 页以下。

二、司法院的角色与司法院体制的问题

1. 司法院的角色

司法院虽然名为"最高司法机关"或"行使司法权之最高机关",但实际上,由于司法院之外还设有最高法院,司法院的角色颇为独特。根据当时的《国民政府组织法》和《司法院组织法》,司法院有以下的权限:

(1) 民事、刑事、行政诉讼的审判权与公务员惩戒权

根据《司法院组织法》,司法院由司法行政部、最高法院、行政法院、公务员惩戒委员会构成(该法第1条)。[1] 当时有学者认为,虽然在名义上,司法院设有司法行政部、最高法院、行政法院及公务员惩戒委员会四个机关,但除司法行政部外,其余均系法院,均是独立行使职权的机关,严格讲来,不能视为司法院的组成部分。再者,虽然司法院的院长得兼任最高法院院长,副院长得兼任公务员惩戒委员会委员长,且司法院院长对于行政法院及公务员惩戒委员会的审判,认为有必要时,得出庭审理,然而,此时司法院院长所行使之审判权,仍为各法院的审判权,而不是司法院本身的审判权。[2] 可以说,最高法院与司法院的角色如何区分,司法权的概念如何界定,乃是司法院体制自身的结构性难题。

(2) 司法行政权

从《法院组织法》的规定来看,司法院体制下的司法行政采取

---

〔1〕 商务印书馆编:《中华民国现行法规大全》,商务印书馆1933年版,第197页。

〔2〕 王世杰、钱端升:《比较宪法》,中国政法大学出版社1997年版,第460页。

第三章 国民政府时期的司法权与宪法解释制度

了二元体制,即"司法院院长督同最高法院院长监督最高法院",而"司法行政部部长监督最高法院所设检察署及高等法院以下各级法院及分院"(该法第87条)。[1] 从审判机关独立行使职权的角度来看,可视为司法院之组成部分的,实际上只有司法行政部。因而,当时有学者指出,司法院并非审判机关,其与中国旧日(北洋政府时期)的或一般国家的司法部并无重大分别。[2]

另外,在司法院体制下,司法行政部的隶属一直处于不稳定状态。1932年1月,司法行政部移至行政院,并于1934年10月再次回归司法院。1943年1月,司法行政部再次移至行政院,以后遂成定制。[3] 其间,在历次修改《国民政府组织法》之时,关于司法院的表述也相应地多次发生变化。即,当司法行政部隶属行政院之时,《国民政府组织法》规定司法院为"国民政府的最高审判机关",当司法行政部隶属司法院之时,则规定司法院为"国民政府的最高司法机关",其用意似以为兼有审判权、行政权者为司法机关,有审判权而不兼有行政权者为审判机关。[4] 关于司法权概念的这一认识分歧,在"五五宪草"上的司法院构想中也有所反映。

---

[1] 《法院组织法》的原文,参见商务印书馆编:《中华民国现行法规大全》,商务印书馆1933年版,第1115页以下。

[2] 王世杰、钱端升:《比较宪法》,中国政法大学出版社1997年版,第460页。

[3] 谢振民编著:《中华民国立法史(上册)》,中国政法大学出版社2000年版,第376页;管欧:《法院组织法论》,三民书局1990年版,第34页;史锡恩:《司法院掌理审判之研究》,载中国台湾地区"司法院"大法官秘书处编:《司法院大法官释宪五十周年纪念论文集》,"司法院"1998年版,第190页。

[4] 王世杰、钱端升:《比较宪法》,中国政法大学出版社1997年版,第461页。《国民政府组织法》的原文,收录于张耀曾、岑德彰编:《中华民国宪法史料(上编)》,文海出版有限公司1981年版。 尽管司法行政部的隶属关系多次发生变更,但其主要职责基本保持一致。 即起草拟订各种法规,制定实施司法改革计划,负责狱政管理,负责司法系统人员的选拔、任用、培训以及司法经费的划拨。 参见张晋藩主编:《中国司法制度史》,人民法院出版社2004年版,第534页。

(3) 法令统一解释权

司法院成立后，司法院院长从最高法院院长的手中接过了法令统一解释权，但实际上，法令统一解释的具体工作仍然由最高法院的法官承担，司法院院长的角色仅是事实上的监督者。在国民政府时期，最高法院和司法院先后做出了大量的法令统一解释，其中也不乏具有宪法解释性质的解释例。

(4) 其他权能

根据《国民政府组织法》，司法院可以向国民政府提请特赦、减刑、复权，并可以就其主管的司法行政事务向立法院提出议案。[1]

可见，尽管司法院在《国民政府组织法》上被赋予了"最高司法机关"或"最高审判机关"的角色，但由于其法定的权限，尤其是其中的终审裁判权被移交给了最高法院、行政法院等终审裁判机关来行使，司法院的职责实际上仅限于司法行政、法令统一解释及司法事务。

2. 法令统一解释制度的延续和演变

如前所述，国民政府初期的大理院及最高法院沿袭北洋政府时期的法令统一解释制度，而司法院在其成立后，作为"最高司法机关"开始行使法令统一解释权。从司法院1929年1月4日制定的《司法院统一解释法令及变更判例规则》[2]来看，当时的法令统一解释制度具有以下几个特征：

---

[1] 1928年10月《国民政府组织法》第33条第2款、第35条；1931年6月《国民政府组织法》第37条第2款、第39条；1931年12月《国民政府组织法》第35条第2款、第40条。原文收录于张耀曾、岑德彰编：《中华民国宪法史料（上编）》，文海出版有限公司1981年版。

[2] 《司法院统一解释法令及变更判例规则》共11条。原文参见商务印书馆编：《中华民国现行法规大全》，商务印书馆1933年版，第1112页。

第三章 国民政府时期的司法权与宪法解释制度

第一，解释的申请人，限于"公署公务员及法令所认许之公法人"（该规则第3条第1款），不承认人民有申请权。这一点与大理院时代的法令统一解释制度是相同的。

第二，关于申请事项，有以下条件：①仅限于与申请人职权相关的事项，但与司法行政有关的事项除外（该规则第2条、第3条第1款）；②仅限于关于法令条文之疑问（该规则第3条第1款）；③"请求解释以抽象之疑问为限，不得罗列具体事实"（该规则第3条第2款），这一点基本上也是承袭了大理院时代的法令统一解释制度。

第三，解释的程序，分为书面议决与会议议决两种。书面议决，是指该申请"由司法院院长发交最高法院院长，分别民刑事类，分配民事庭或刑事庭庭长拟具解答案"（该规则第4条第1款）。最高法院庭长拟具解答案后，应征取各庭庭长之意见，并"经各庭庭长签注意见后，复经最高法院院长赞成者，由最高法院院长呈司法院院长核阅。司法院院长亦赞同者，其解答案即作为统一解释法令会议议决案"（该规则第5、6条）。会议议决，则是指解答案拟具之后，"最高法院院长或过半数以上庭长对于解答案有疑义时，由最高法院院长呈请司法院院长召集统一解释法令会议。最高法院院长及庭长虽无疑义，而司法院院长认为有疑义时，由司法院院长召集前项之会议"（该规则第7条）。统一解释法令会议议决，应有司法院院长、最高法院院长及所属各庭庭长三分之二以上之列席，采多数决之原则；可否同数时，取决于主席。主席由司法院院长担任；司法院院长因故不能担任时，由司法院副院长代行之；司法院副院长亦因故不能担任时，由最高法院院长代行之（该规则第8条）。司法院院长认为议决案尚有疑义时，得召集最高法院全院推事加入会议覆议之。该覆议以司法院院长、最高法院院长、庭长及推事全员三分之二以上出席，出席人员三分之二以上议决之（该规则第9条）。可见，在司法院体制下，虽然法令统一解释的权限从最高法院移交司法院院长行使，但实际上，其具体工作仍由最高法院的法官来承担。

另一方面，国民政府时期的法令统一解释制度与民国初期（北洋政府时期）相比，也发生了几项重要的变化。首先，北洋政府时期的《大理院办事章程》（1919）规定，"就法令无明文之事项请求解答者不得拒绝解答"（该章程第205条）；而国民政府《司法院统一解释法令及变更判例规则》则规定，申请人"关于其职权就法令条文得请求解释"（该规则第3条第1款），法令未规定之事项被排除于解释对象之外。其次，在北洋政府时期，根据《大理院办事章程》，法官会议是由有异议的法官提议召开；而在国民政府时期，根据《司法院统一解释法令及变更判例规则》，司法院院长掌握统一解释法令会议的召集权，能够左右解答案能否付诸表决，实际上在解释工作中居于主导地位。此外，司法院院长决定是否召集全体法官进行再议，统一解释法令会议采用严格的多数决，也都体现了司法院院长对法令统一解释工作的监督角色。

3. 司法权（法官）独立的现实问题

司法院体制的一大特色在于，司法院虽然在名义上是"最高司法机关"或"最高审判机关"，但实际上，司法院仅担当着司法行政机关的角色，并不行使审判权。而且，由于司法院院长并不享有身份保障，其主管之下的司法院能否保持独立性，也不无疑问。然而，1931年12月30日公布的《国民政府组织法》却规定，"司法院院长兼任最高法院院长，司法院副院长兼任公务员惩戒委员会委员长"（该法第37条），翌年公布的《法院组织法》又进一步规定，"司法院院长督同最高法院院长监督最高法院"（该法第87条第1款）。

第三章 国民政府时期的司法权与宪法解释制度

尽管《法院组织法》规定，有关司法行政之监督的规定"不影响于审判权之行使"（该法第90条），但正如当时的日本学者小野清一郎、团藤重光两位教授所言，"司法院院长的法令统一解释权及判例变更权，无疑也拘束最高法院，在此意义上，最高法院的审判独立是受到极大限制的。第一，最高法院要遵从统一解释法令会议所制定的法令解释。第二，最高法院欲变更某一判例之时，其本身并不享有变更之权。此外，有时即使最高法院不欲变更某一判例，该判例也有可能被变更判例会议所变更"。[1] 换言之，司法院院长虽然是不享受身份保障的行政官员，但却能以最高司法机关之名义，堂而皇之地参与并监督最高审判机关的判例变更工作和法令统一解释工作。这样一来，法官的职权独立就难以避免来自司法院的影响。可以说，借最高司法机关之名来充当最高审判机关的"监护人"，正是司法院体制的奥妙之处。

另一方面，国民政府在其20余年的统治时期内，也未能在全国范围内设立法院。在未设立法院的地方，仍由县长或县司法处担任审判。因此，民国初期的《县司法公署组织章程》《县知事审理诉讼暂行条例》《县知事兼理司法事务暂行条例》在经若干修正之后，仍被"暂准援用"。[2] 其后，1932年公布的《法院组织法》改采三级三审制，并于1935年付诸施行。但是，1936年又公布了《县司法处组织条例》，决定在县政府设县司法处，法官在司法处行使审判权。这些县司法处直至1945年之后，才逐渐被裁撤并改设地方法院。[3] 此外，对日抗战以前，各地司法机关经费一直由省库负担。因而，曾有高等法院院长向省政府主席自称"请以厅处长

---

[1] 小野清一郎・團藤重光『中華民國法院組織法』有斐閣1945年12頁。

[2] 因此，在商务印书馆1933年编纂的《中华民国现行法规大全》之中，这些法规作为有效的法令被收录于其中。参见商务印书馆编：《中华民国现行法规大全》，商务印书馆1933年版，第1127、1257、1259页。

[3] 管欧：《法院组织法论》，三民书局1990年版，第23页。

视我",甚至有省政府主席自命青天,亲自升堂问案。直到抗战时期,西南九省的司法经费才开始改由中央负担,但法官待遇之改善,仍常出于行政机关之裁量或以命令行之。[1] 法院独立的进程举步维艰,在客观上挫伤了法官的权威和自信。司法释宪的正当性在美国尚且备受争议,在当时的中国就更加缺少了说服力。

---

[1] 李学灯:《释宪纪要》,载中国台湾地区"司法院"大法官秘书处编:《司法院大法官释宪五十周年纪念论文集》,"司法院"1998年版,第711页。

第三章 国民政府时期的司法权与宪法解释制度

三、关于司法权的制宪构想

1. 司法权的范围

国民党秉承孙中山的五权宪法论，在起草宪法之时，强调必须以五院制为基础。关于司法权的构造，孙中山并没有太多的论述。因此，在司法制度方面，采纳与西方的三权分立体制同样的制度设计，也不无可能。但是，由于当时的司法院体制甚为独特，而在起草宪法之时又必须对司法院进行规定，因此，对于司法权的范围和概念如何进行界定，就成了制宪者不得不面对的问题。

（1）司法行政权

孙中山的"遗教"关于司法权部分的论述，并不明确。胡汉民、孙科在呼吁实行五权宪法制度之时，曾主张司法行政与司法裁判分离，提议将司法行政事务交由行政院下设的司法部处理。[1]如此一来，司法院就会担当起最高法院的角色。但如前所述，司法院于1928年成立后，最高法院仍继续存在。在此情况下，司法院已非最高审判机关，倘若再不掌理司法行政，则难免招致何以堪称"司法院"之疑问。因此，司法行政权是否属于司法院的实质问题在于，将来的司法院到底是应为最高审判机关，还是应为司法行政机关。

如表3-1所示，国民政府起草的几部宪法草案上，不但规定司法院行使民事、刑事、行政诉讼之审判权；同时也将司法行政权纳入司法院的权限范围。这一点自始至终都没有变化。对此，"五五

---

[1] 胡汉民、孙科的提案说明书的原文，参见杨幼炯：《近代中国立法史》，商务印书馆1936年版（上海书店1989年影印本），第351页。

宪草"的说明书列举了以下几点理由：

第一，国父手订建国大纲内列举行政院各部，并无司法部或司法行政部之名称，绝非遗漏，证以在粤设立最高法院，司法行政即由该院掌理，可见司法行政应归属司法院，乃国父之本意。

第二，国父曾云："五院皆对国民大会负责"。司法院对国民大会所负，应为司法行政之责，而非审判之责，因法官依法律独立审判，只对法律及良心负责。如司法行政不归司法院掌理，则司法院将无责可负。

第三，司法审判，贵能独立。而司法人员之任免，与审判之独立，有紧切之关系。如司法行政属行政院，则难免受其影响。

第四，外国审判权之独立，由来已久，然其司法行政权仍多由行政部兼掌，实为相沿未改之史迹。近来趋势已有转变，如墨西哥宪法规定关于下级法官之任命调派，下级法院之巡视监督等权，均归属于最高法院，即其例也。[1]

问题是，如果同时将审判权和司法行政权赋予司法院，这两者在司法院的内部如何配置，将直接影响到司法独立。最早的宪法草案初稿及宪法草案初稿审查修正案规定，在司法院之下设最高法院，并规定最高法院有法令统一解释权（参见表3-1），但后来的几部宪法草案删除了有关最高法院的条文，并规定法令统一解释权由司法院院长行使，给人以"司法院即最高法院"的印象。关于司法行政，虽然规定由司法院掌理这一点一直没有改变，但后来的几部宪法草案上删除了有关司法行政部的规定（参见表3-1）。对此，当时正在研究中华民国宪法草案的宫泽俊义、田中二郎两教授评论

---

〔1〕 立法院中华民国宪法草案宣传委员会编：《中华民国宪法草案说明书》，正中书局1940年版，第52页。

认为,"实在是难以理解为何这样来规定。诚然,审判机关是独立于行政机关的,但是,宪法条文上没有对二者的区别做明确的规定,不能不说是有欠妥当的"。[1]

此外,关于公务员惩戒权的归属,最初的几部宪法草案本来规定属于司法院,"五五宪草"对之也作了修改,根据国民党中央常委会的决定,将公务员惩戒权移归监察院行使。[2] 如此一来,从"五五宪草"的文字表述上看,司法院已颇近似于美国的最高法院。而"五五宪草"的说明书中,也将司法院比作外国的最高法院。但是,"五五宪草"并未明确规定司法院就是最高法院,仅规定"司法院之组织及各级法院之组织,以法律定之"(该草案第82条)。如此一来,维持当时司法院与最高法院并存的司法院体制,也成为了可能的选项。

（2）宪法解释权

考诸制宪学说,关于宪法解释权的归属,当时已出现各种不同的主张,大致可分为以下三种：①立法机关,如北洋政府时期《中华民国宪法》(1923年)上的由国会议员组成之宪法会议；②特别

---

〔1〕 宫澤俊義・田中二郎『中華民國憲法確定草案』中華民國法制研究會1936年220頁。 宫泽、田中两教授指出,"既然将司法行政规定为司法院的权限了,最好对掌理该权力的司法行政部做出规定,同时,如上所述,对担当裁判的机关做出更为明确的规定";"从形式上稍稍观之,将原本应保持完全独立的司法行政机关和裁判机关两者一起设置于司法院之中,似乎不太可行。 在这一点上,试图将司法权独立于其他国家权力的五权宪法理论,与崇尚审判权独立的权力分立论应该同其趣旨吧。 既如此,假使在外观上,审判机关成了掌理司法行政之司法院的一部分,会怎样呢？这一点是必须要考虑的。 在民国这样存在领事裁判权制度之国度,司法权是一个重大的问题。 为了确保司法权的独立,最好还是在宪法上做出更为明确的规定"。

〔2〕 孙科:《宪法草案最后一次修正之经过情形——民国二十五年五月十一日中央报告》,载吴经熊、黄公觉:《中国制宪史》,商务印书馆1937年版,第三篇附录之《二孙哲生院长关于宪法的言论》,第791页。

机构，如民间团体国是会议起草的《中华民国宪法草案》[1]（1922年8月）上的国事法院、段祺瑞政府时期国宪起草委员会起草的《中华民国宪法案》[2]（1925年12月）上的国事法院、汪馥炎与李柞辉起草的《联省宪法草案》[3]（1925年8月）上的宪法平衡院、国民党太原"扩大会议"的《中华民国约法草案》（1930年10月27日）上的约法解释委员会、南京国民政府的《中华民国训政时期约法》（1931年6月1日）上的国民党中央执行委员会、吴经熊起草的《宪法草案初稿试拟稿》[4]（1933年）上的国事法院；③法院，如王宠惠的《中华民国宪法刍议》[5]（1913年）、王世杰的《比较宪法》[6]等主张由司法机关解释宪法。实际上，这两人与吴经熊共同作为民国时期有名的法学者，均在国民党政权中任职并参与了国民政府的宪法起草工作。

关于宪法的解释，立法院起草的宪法草案最初规定，由立法院或最高法院拟具意见后提请国民大会决定，但其后方向发生了转变。宪法草案不但删除了有关最高法院的规定，还规定"宪法之解

---

[1] 该草案的原文，收录于张耀曾、岑德彰编：《中华民国宪法史料（下编）》，文海出版有限公司1981年版。

[2] 该草案的原文，收录于张耀曾、岑德彰编：《中华民国宪法史料（中编）》，文海出版有限公司1981年版。

[3] 该草案的原文，收录于张耀曾、岑德彰编：《中华民国宪法史料（下编）》，文海出版有限公司1981年版。

[4] 该草案的原文，参见潘树藩：《中华民国宪法史》，商务印书馆1935年版，附录第456页以下。

[5] 该草案的原文，收录于张耀曾、岑德彰编：《中华民国宪法史料（下编）》，文海出版有限公司1981年版。

[6] 王世杰：《比较宪法》，商务印书馆1933年版（上海书店1989年影印本），第581页以下。

第三章 国民政府时期的司法权与宪法解释制度

释由司法院为之"[1]（参见表 3-1）。对此，"五五宪草"的说明书做了如下的说明：

> 宪法之解释，立法院起草宪法草案时，虽有数种之拟议，嗣经详细讨论，定为由司法院为之。良以司法官员有法学知识经验，不易受政治关系之影响。且查外国立法例，以采用司法解释者为多。又此种解释事件不常发生，专设解释机关固无必要，甚或易起纠纷，即其机关之性质及人选，亦难于决定。至于司法院解释宪法之程序，自应以法律规定。[2]

以上的说明从字面上看，旨在论证将宪法解释权赋予法官的合理性，但另一方面，"五五宪草"对于违宪审查权的启动，又增加了限制性条件，即"法律与宪法有无抵触，由监察院于该法律施行后六个月内，提请司法院解释"（该草案第 140 条第 2 款）。[3] 对

---

[1] 关于是否改由司法院解释宪法，审查委员之间存在意见分歧。例如，史尚宽委员认为，宪法为立法院所制，若由司法院解释，似有侵犯立法院职权之嫌；而且，法官抱保守观念，而宪法须以国家政策为依归，政策又随时代为转移，法官能否赶得上时代，乃一大问题。但是，主席孙科认为，宪法解释权应归大理院，国会并不认为其有侵占立法权之嫌；且法官不一定尽为保守派而赶不上时代变迁，即使对宪法解释错误，开国民大会时，亦可谋补救。吴经熊委员也主张宪法解释应改由司法院为之。参见吴经熊、黄公觉：《中国制宪史》，商务印书馆 1937 年版，第 569—570 页。

[2] 立法院中华民国宪法草案宣传委员会编：《中华民国宪法草案说明书》，正中书局 1940 年版，第 97 页。

[3] 关于此条，争辩最为激烈。张志韩委员提出该条与第 79 条 "司法院有统一解释法律命令之权" 有冲突。吕志伊委员认为，最易感觉法律与宪法抵触者为行政机关，而非监察院；规定经监察院提请方可解释，会缩减司法院的权能；且监察院职司弹劾，责任繁重，如再加以审核法律违宪与否之责，则不胜其繁。罗鼎委员也主张将该条完全删去。傅秉常、卫挺生等委员则主张维持原案。至此争辩不休。主席孙科指出，此系根据中央原则而拟定者；如无一定之机关提请司法院解释，则司法院对立法院所订之每一法律均可解释，是则可操纵立法而成为最高之立法机关。孙科还以美国为例，解释任何人可提请解释法律是否违宪之危险，认为该条规定一方面可维持立法职权，另一方面可防止司法院丧失解释之权。全场对其意见多表同意。参见吴经熊、黄公觉：《中国制宪史》，商务印书馆 1937 年版，第 593—595 页。

此，立法院院长孙科是这样解释的：

> 关于解释宪法，如法律与宪法有无抵触等问题，原案规定由司法院为之。后来觉得如果司法院解释宪法，没有较详明的规定，将来或致随便地行使解释权，那么，司法院将变成一个最高的立法机关了，与五权制度不免冲突。所以修正为"法律与宪法有无抵触，由监察院于该法律施行六个月内，提请司法院解释，其详细办法以法律定之"。假使监察院不提请解释，司法院便不能随便解释。这个详细的办法，当然是规定人民或政府如果认为某一种法律与宪法有抵触时，都可以请求监察院提请司法院加以解释的。这种解释宪法的制度，也仿效美国宪法解释的办法；不过美国可由人民或各级政府起诉于最高法院，最高法院即能行使其解释权。我们须经监察院来提请，政府人民不能直接申请的，比较略有限制。[1]

可见，尽管"五五宪草"有意效仿美国的司法释宪制度，但从该草案第142条第2款规定的违宪审查启动程序来看，又与美国式的制度之间存在相当大的差异。加之，"五五宪草"对于司法院的组织未作具体的规定，该草案上的司法院是否就是美国最高法院那样的最高审判机关，实在是不无疑问。

---

〔1〕 前引孙科：《宪法草案最后一次修正之经过情形——民国二十五年五月十一日中央报告》，第790页以下。

第三章 国民政府时期的司法权与宪法解释制度

表 3-1 国民政府时期关于司法院与宪法解释制度的宪法草案规定的演变

各草案	司法院的权限	司法院的组织	宪法解释·违宪审查
宪法草案初稿（1934年2月23日）	第104条 司法院为国民政府行使司法权之最高机关。 第106条 司法院掌理司法行政并监督司法审判。 第111条 最高法院有统一解释法令之权。	第107条 司法院设最高法院及公务员惩戒委员会。 第108条 最高法院院长及公务员惩戒委员会委员长均由司法院长依法律提请国民政府任免之。	第156条 凡法律与本宪法抵触者无效。 第157条 本宪法之解释由立法院拟具意见，提请国民大会决定之；在国民大会闭会期中，提请国民委员会决定之。
宪法草案初稿审查修正案（1934年6月30日）	第84条 司法院为中央政府行使司法权之最高机关。 第91条 最高法院有统一解释法律、命令之权。	第87条 司法院设最高法院、公务员惩戒委员会及司法行政部。 第88条 最高法院院长、公务员惩戒委员会委员长及司法行政部部长均由司法院长依法律提请总统任免之。	第184条 宪法所称之法律，谓经立法院通过总统公布之法律。 第185条 一切法律及命令与宪法抵触者无效。依前项规定无效之法律经最高法院拟具意见，提请国民大会或国民大会委员会决定后，由总统宣布无效。 第186条 宪法之解释，由最高法院拟具意见，提请国民大会或国民大会委员会决定之。

续表

各草案	司法院的权限	司法院的组织	宪法解释·违宪审查
宪法草案（1934年10月16日）	**第77条** 司法院为中央政府行使司法权之最高机关，掌理民事、刑事、行政诉讼之审判、公务员惩戒及司法行政。 **第82条** 司法院有统一解释法律、命令之权。	**第79条** 司法院设公务员惩戒委员会及司法行政部。 **第80条** 公务员惩戒委员会委员长、委员及司法行政部部长均由司法院院长依法律提请总统任免之。	**第174条** 宪法所称之法律，谓经立法院通过总统公布之法律。 **第175条** 法律与宪法抵触者无效。命令与宪法或法律抵触者无效。 **第176条** 宪法之解释由司法院为之。
宪法草案（1935年10月25日）	**第76条** 司法院为中央政府行使司法权之最高机关，掌理民事、刑事、行政诉讼之审判、公务员惩戒及司法行政。 **第79条** 司法院有统一解释法律、命令之权。	无	**第145条** 宪法所称之法律，谓经立法院通过总统公布之法律。 **第146条** 法律与宪法抵触者无效。命令与宪法或法律抵触者无效。 **第147条** 宪法之解释由司法院为之。

第三章 国民政府时期的司法权与宪法解释制度

续表

各草案	司法院的权限	司法院的组织	宪法解释·违宪审查
确定草案(又称"五五宪草")(1936年5月5日)	第76条 司法院为中央政府行使司法权之最高机关,掌理民事、刑事、行政诉讼之审判及司法行政。 第79条 司法院有统一解释法律、命令之权。	无	第139条 宪法所称之法律,谓经立法院通过总统公布之法律。 第140条 法律与宪法抵触者无效。法律与宪法有无抵触,由监察院于该法律施行后六个月内,提请司法院解释,其详以法律定之。 第141条 命令与宪法或法律抵触者无效。 第142条 宪法之解释由司法院为之。

(资料来源:《宪法草案说明书》《附录三 立法院历次所拟宪草各稿条文》,载立法院中华民国宪法草案宣传委员会编:《中华民国宪法草案说明书》,正中书局1940年版,第52、97页,第180页以下。)

2. 司法的观念

在英美法系,行政案件的审判权包含于司法权之中,其前提在于,行政案件在性质上,与普通民事案件并无区别。[1] 如前所述,"五五宪草"也同样地将民刑事诉讼的审判权与行政诉讼的审判权一并赋予司法院掌理,至于这些审判权是集中由最高审判机关(司

---

[1] 浦部法穗『憲法学教室』日本評論社2000年317頁。

法院或最高法院）来行使，还是继续维持当时的司法院体制并保留行政法院，并未加以明确，而是规定"司法院之组织及各级法院之组织，以法律定之"（该草案第82条）。从当时的司法院体制来看，行政诉讼实际上是由法院之外的特别机关以特别的诉讼程序来审理的，并且，在"五五宪草"上，行政诉讼也是作为民事诉讼之外的单独一类诉讼来规定的，其前提则是，在观念上，认为行政案件不同于民事案件。而现在的中国和日本也同样如此，虽然在表面上与英美法系一样，将行政审判权交由法院行使，但由于这种欧陆式的"对法官不信任"依然根深蒂固，其与英美式的司法系统也仅是形似而已。

值得注意的是，近代中国的司法制度建设是在特殊的历史背景下展开的，即废除治外法权的问题。而要解决这个问题，像英美那样，逐渐累积形成以政治家类型的法官为支柱的司法传统，实在是远水不解近渴。因而，在脱胎于行政官府的司法官僚制度之下，继受大陆法系"以法律为准绳"的行政型司法的观念，成为了必然的选择。在这种观念看来，通过完善立法来迅速地提高审判的质量，也是有可能的。因此，国民政府在北伐胜利之后，效仿日本和德国，展开制定民法典等的法制建设，最终形成了"六法全书"式的法律体系。但是，法典化运动一方面为法官提供了具体的裁判基准，另一方面却难免会压抑法官自由裁量的空间和法律续造能力的成长，使中国的司法朝着大陆法系"行政型司法"的方向进一步地接近。

第三章 国民政府时期的司法权与宪法解释制度

四、司法释宪的可能性

1. 从宪法解释制度看司法制度的课题

"五权宪法"所谓的五权分立,在当时并不是权力的制约平衡,而是权力的分工合作,以创造"万能政府"为目标。[1] 国民党在遵从孙文遗教实行五院制的同时,将孙中山的"军政·训政·宪政"三阶段论作为实行训政的根据,当时的宪法解释制度也不可避免地带有训政的特征。例如,"太原约法草案"在规定"凡法律与本约法抵触者无效"(该草案第207条)的同时,规定"本约法有疑义时,组织约法解释委员会解释之。约法解释委员会临时由中央监察院及最高法院组成之。除中央监察院院长为当然委员外,另由中央监察院互选委员3人,最高法院互选委员3人,并以中央监察院院长为主席,最高法院院长为副主席"(该草案第208条);与之形成对照的是,南京国民政府的训政时期约法虽然也规定"凡法律与本约法抵触者无效"(该法第84条),但不同的是,规定"本约法之解释权,由中国国民党中央执行委员会行使之"(该法第85条),直接将审查法律是否违宪无效的权限赋予了国民党中央执行委员会。对此,当时的学者就指出,"党既有解释约法之权,则基

---

〔1〕 关于"五权分立",当时的官僚阶层认为,孟德斯鸠的三权学说为保护人民的自由,主张三权之间互相牵制均衡,以期政府无能;孙中山的五权宪法则是实现国家富强的手段,五权之间是分工合作的关系,以创造一个有威力的万能政府。 参见陈之迈:《中国政府(第一册)》,商务印书馆1946年版(上海书店1991年影印本),第137页。关于孙中山的"五权分立",在日本宪法学界,有学者并不认为其为权力集中,而是将之理解为与孟德斯鸠"三权分立"思想相同的权力分立。 例如,小林直树『憲法講義(下)』東京大学出版会1968年463頁。

于党权而颁布的法令，即显与约法相抵触，当仍可有效，只有党认为与约法抵触的法律，才是无效；约法第 84 条'凡法律与本约法抵触者无效'的规定，亦只能在此场合下发生效力。这不特是当然的解释，数年来事实的表现正亦如此"。[1]

北洋政府时期的国会在起草宪法时，鉴于当时的司法独立问题，拒绝将宪法解释权赋予司法机关。而在国民政府时期，立法院起草的"五五宪草"虽然有意效仿美国的司法释宪制度，将宪法解释权赋予司法院；但另一方面，关于司法院的规定比较模糊，预留了维持当时的司法院体制的空间，同时，对于违宪审查的启动程序也作了限制性的规定，即违宪审查的启动并非是在司法审判之中，而是仅限于监察院提请司法院解释之时。这样的宪法解释制度如果在当时的司法院体制之下运作，必然会脱离于司法审判的框架之外，在独立性和公开性上有所欠缺；而从"五五宪草"没有为诉讼当事人或普通国民提供申请违宪审查的途径这一点上，也不难看出这一制度设计背后的维护训政之趣旨。

2. 最高法院、司法院宪法解释的特征

如前所述，司法院成立之后，法令统一解释权由最高法院移至司法院。与民国初期的大理院一样，国民政府时期，最高法院和司法院的法令统一解释并非法官在审理案件的裁判文书中对法令进行的解释，而是对国家机关就法令疑义提出的解释申请所进行的答复。而且，与大理院时代一样，法令统一解释对各级法院具有事实上的拘束力，在性质上并非司法作用，而是脱离于案件审理过程之外的立法作用。

尤其是，在最高法院和司法院的法令统一解释中，也有不少援

---

[1] 王世杰、钱端升：《比较宪法》，中国政法大学出版社 1997 年版，第 413 页。

第三章 国民政府时期的司法权与宪法解释制度

引宪法性文件的宪法解释案例。例如,作为最高法院的解释,承认女性财产继承权的解字第 7 号解释(1927 年 12 月 27 日)[1],提倡结婚自由的解字第 33 号解释(1928 年 2 月 28 日)[2],提倡男女平等的解字第 34 号解释(1928 年 2 月 28 日)[3]和解字第 35 号解释(1928 年 2 月 28 日)[4]等。作为司法院的解释,如院字第 13 号解释(1929 年 2 月 23 日)答复福建高等法院:"查此项书田、书仪原为奖励求学而设,现在男女既均受同等教育,自无歧视之理"[5];院字第 1878 号解释(1939 年 4 月 24 日)答复湖北高等法院:"人民固有信仰宗教之自由,但不能因信仰宗教而免其法律上之义务,故妻矢志为尼,不得认为有民法第一千零一条但书所谓不能同居之正当理由"[6];院字第 2326 号解释(1942 年 5 月 11 日)答复国民政府军事委员会:"江西省各县保立小学自筹经费区乡镇统收转付实施办法,系江西省政府制定之单行条例,其第二条

---

[1] 中国台湾地区"司法院"解释编辑委员会编:《司法院解释汇编(第五册)》,"司法院"秘书处 1989 年版,第 3486 页。

[2] 中国台湾地区"司法院"解释编辑委员会编:《司法院解释汇编(第五册)》,"司法院"秘书处 1989 年版,第 3491 页。

[3] 中国台湾地区"司法院"解释编辑委员会编:《司法院解释汇编(第五册)》,"司法院"秘书处 1989 年版,第 3492 页。

[4] 中国台湾地区"司法院"解释编辑委员会编:《司法院解释汇编(第五册)》,"司法院"秘书处 1989 年版,第 3492 页。

[5] 中国台湾地区"司法院"解释编辑委员会编:《司法院解释汇编(第二册)》,"司法院"秘书处 1989 年版,第 10 页。据该解释所附的福建高等法院原函,"查民间祖上坟墓多设有书田。又宗祠中亦设有书仪。向遇子孙得科目时,即可分沾祖泽以为膏火佐读之资,而女子不与焉。"对此,国民政府的民事习惯调查报告书在"福建省关于债权习惯之报告"部分,也有如下记载:"书田、祀田之让收:古田祖遗公田,有应让归少数人收租者两种:一为书田,一为祀田……近因科举久停,各项学校毕业者继起争收,一讼之兴,经年不息。"参见前南京国民政府司法行政部编:《民事习惯调查报告录》,中国政法大学出版社 2000 年版,第 502 页。

[6] 中国台湾地区"司法院"解释编辑委员会编:《司法院解释汇编(第三册)》,"司法院"秘书处 1989 年版,第 1603 页。

第二款所载祠款产包括祭产等，会款产包括神会戏会等，除去应缴纳之捐税外，所余应即提充保学经费，其数额不得少于全数百分之六十等语，与中央法令抵触，自属无效"[1]；院字第 2622 号解释（1943 年 12 月 23 日）答复湖北高等法院："私人对于祀神会田之所有权或永佃权，为中央法令之所保护，省政府制定或核准之单行条例及规程，以之移转于乡镇公有或为其它变更，其法律关系之规定既与中央法令抵触，自属无效"[2]；院解字第 3592 号解释（1947 年 9 月 22 日）答复江西浮梁地方法院："法官非不得由政党提名登记为此次国民大会代表候选人"[3]；院解字第 3906 号解释（1948 年 3 月 30 日）答复行政院："人民选举之立法委员，除将来有限制之法律外，得兼任其他民意机关代表。又国民大会代表非不可兼任官吏"[4]；院解字第 4012 号解释（1948 年 6 月 15 日）答复江西高等法院第三分院首席检察官："与宪法或法律抵触之命令，法院得迳认为无效，不予适用"[5] 等。

其中，院字第 2326 号和院字第 2622 号解释宣告与中央法令相抵触的省政府的行政命令无效，发挥了合宪性审查的功能。其他的宪法解释案例则不过是通过援引宪法规范，确认从旧道德的拘束中解放出来的个人自由、平等的权利，或是对宪法规范进行的补充性解释。而院解字第 4012 号解释虽然承认法官有对行政命令的违宪

---

〔1〕 中国台湾地区"司法院"解释编辑委员会编：《司法院解释汇编（第四册）》，"司法院"秘书处 1989 年版，第 2011 页。

〔2〕 中国台湾地区"司法院"解释编辑委员会编：《司法院解释汇编（第四册）》，"司法院"秘书处 1989 年版，第 2284 页。

〔3〕 中国台湾地区"司法院"解释编辑委员会编：《司法院解释汇编（第五册）》，"司法院"秘书处 1989 年版，第 3080 页。

〔4〕 中国台湾地区"司法院"解释编辑委员会编：《司法院解释汇编（第五册）》，"司法院"秘书处 1989 年版，第 3329 页。

〔5〕 中国台湾地区"司法院"解释编辑委员会编：《司法院解释汇编（第五册）》，"司法院"秘书处 1989 年版，第 3422 页。

第三章 国民政府时期的司法权与宪法解释制度

审查权,但并没有承认法官有对法律的违宪审查权。[1] 可见,这一时期的宪法解释虽然比之大理院时代有所进步,但其宪法保障功能基本上仍处于休眠状态。

---

[1] 其原因在于,院解字第 4012 号解释于 1948 年作出,而在此之前,1946 年颁布的《中华民国宪法》已规定"司法院解释宪法,并有统一解释法律及命令之权"(第 78 条);"司法院设大法官若干人,掌理本宪法第七十八条规定事项"(第 79 条第 2 款)。

五、小 结

"五五宪草"至少在文面上,将宪法解释权赋予司法机关来行使,这在官方立宪史上,可以说是开创先河之举。然而,这一制度设计虽然自称是效仿美国的司法释宪制度,但实际上已经变形变质。对此,宫泽俊义、田中二郎两位教授在《中华民国宪法确定草案》一书中,曾有如下的评论:"然而,司法院是否是适任的机关,是很令人怀疑的。既然如此,倒不如效仿英美,特别是美国的制度,将宪法解释权归属于最高法院。然而,不论宪法解释机关是司法院,还是最高法院,可以想见的是,其活动一旦趋于活跃,其结果,美国出现的批判司法权优越制度的议论,当然地也会在民国出现吧。假若司法院或最高法院具备不了相应的权威性,宪法的保障也就必然会流于形式。"[1]

在美国,所有的政治问题都有可能变成法律问题,诉诸法院的宪法判断。美国最高法院的大法官之所以能够通过解释宪法来引领社会的发展方向,一方面是因为其获得了充分的身份保障和职权独立,更重要的,则是由于在政党博弈和分权制衡的宪政秩序下,各种政治力量的对比相对平衡,从而将法官推上了裁判的位置。而国民党在领导北伐、统一中国之后,凭借绝对优势的政治力量推行"训政",使得五院制的政府架构徒具"五权分立"之形式。在这样的背景下,"司法权的优越地位"根本就无从谈起。

当我们重温20世纪30年代的宪法学说,宫泽、田中两教授的下面这句话,今日读来,仍颇值玩味:"由是观之,在并无特殊传

---

[1] 宮澤俊義・田中二郎『中華民國憲法確定草案』中華民國法制研究會1936年380頁。

第三章 国民政府时期的司法权与宪法解释制度

统之国度,若凭借立法来新设宪法解释机关,则以设立一独立于所有政治权力之外、尤其是具有权威性之合议制机关为宜"。[1] 换言之,宪法解释机关之最重要者,在于独立性与权威性;倘若法院不具备这一要件,那么,另起炉灶,设立一个具备该要件的合议制机关,就是不得已的选择了。

---

[1] 宮澤俊義・田中二郎『中華民国憲法確定草案』中華民國法制研究會 1936 年 381 頁。

第四章 大法官释宪制度在近代中国的形成及其初步实践

一、关于司法院与大法官释宪制度的宪法构想

1. 政协宪法草案的起草

"五五宪草"公布后不久,制宪工作因全面抗战开始而被迫中止,但关于制宪的讨论仍在继续。1940年,由各政党组成的"国民参政会"通过了由其所设的"宪政期成会"提出的"五五宪草修正草案"(即《宪政期成会宪法草案》,史称"期成宪草")。该草案规定,司法院为最高法院,掌理民事、刑事及行政诉讼之审判权及法令统一解释权(该草案第82、83、84条),但并不掌理司法行政权;而宪法解释权,则由国民大会议政会、司法院、监察院各推3人组成的宪法解释委员会来行使(该草案第135条)。[1]

---

[1] 国民参政会"期成宪草"的原文,参见荆知仁:《中国立宪史》,联经出版事业股份有限公司1984年版,第551页以下。 该草案第135条规定宪法之解释,由宪法解释委员会为之。 宪法解释委员会设委员9人,由国民大会议政会、司法院、监察院各推3人组织之。

第四章　大法官释宪制度在近代中国的形成及其初步实践

但到了1945年2月,取代"宪政期成会"而改设的"宪政实施协进会"提出的"五五宪草研究意见",又认为"司法行政,仍以隶属司法院为宜"(该意见第13项),[1] 从而回归了"五五宪草"的立场。争论的焦点在于,国民党代表倾向于由司法院兼理司法行政,而民主同盟、青年党的领导人则坚持以美国为师,将司法院改为纯粹的终审机关。[2] 另外,"宪政实施协进会"的"五五宪草研究意见"对于"五五宪草"上的宪法解释制度,也有一定程度的靠拢,表示"宪草第一四〇条第二项'法律与宪法有无抵触,由监察院于法律施行后六个月内,提请司法院解释,其详以法律定之。'删。第一四二条修改为'宪法之解释,由司法院依法组织宪法解释委员会为之。'"(该意见第30项)。[3]

二战结束后,社会各界要求避免内战,实现政治民主化,承认各政党的平等及合法地位,开展新中国建设。在此形势之下,向来坚持一党独裁方针的国民党也不得不做出一定程度的让步。1946年1月10日至30日,由国民党、共产党、民主同盟、青年党以及社会各界代表参加的政治协商会议在重庆召开,并共同成立了宪法

---

〔1〕　《国民参政会宪政实施协进会对五五宪法草案之意见》的原文,参见荆知仁:《中国立宪史》(附录十一),联经出版事业股份有限公司1984年版,第570页以下。

〔2〕　雷震:《雷震全集第23卷:制宪述要》,桂冠图书公司1989年版,第40页以下。

〔3〕　另见孙科就宪法实施协进会的"五五宪草研究意见"所作的演讲。孙科:《五五宪草检讨之收获(民国三十四年四月五日在中华法学会第三届年会演讲)》,载周世辅、周阳山:《中山思想新诠——民权主义与中华民国宪法》(附录:文献选编),三民书局1992年版,第364页。

草案审议委员会，负责对"五五宪草"进行修改。[1] 政协首先通过了《五五宪草修正原则》，该原则第4项规定，"司法院即为国家最高法院，不兼管司法行政，由大法官若干人组织之。大法官由总统提名，经监察院同意任命之。各级法官须超出于党派以外"。[2]

值得注意的是，此处首次提出了"大法官"这一名称。在大陆法系国家，各级法院的法官在名称上是没有分别的，但在英美法系国家，则有 Justice 与 Judge 之区分。例如，美国联邦最高法院的大法官称为"Justice"，而一般法院的法官则称为"Judge"。在民国早期的许多宪法草案中，并未出现过"大法官"这样的名称。二战时期，我国的盟友均为英美法系国家，而敌人则为大陆法系之德国和日本，因此在战后，就出现了是否改采英美法系国家法制的讨论和倾向，并由此引进了英美法系制度上的"大法官"用语。其意图就在于，使司法院的定位相当于美国的联邦最高法院。[3]

政协的《五五宪草修正原则》采三权分立原则，与国民党的五

---

〔1〕 宪法草案审议委员会由参加政协的五方面各推5人，另公推会外专家10人组织成立，共35人。 其中，国民党：孙科、王宠惠、王世杰、邵力子、陈布雷；共产党：周恩来、董必武、吴玉章、秦邦宪、何敬恩；青年党：曾琦、陈启天、余家菊、杨永浚、常乃惪；民主同盟：张君劢、黄炎培、沈钧儒、章伯钧、罗隆基；社会贤达：傅斯年、王云五、胡霖、莫德惠、缪嘉铭；会外专家：吴尚鹰、吴经熊、林彬、史尚宽、戴修骏、周览等10人。 参见荆知仁：《中国立宪史》，联经出版事业股份有限公司1984年版，第442—443页。

〔2〕 荆知仁：《中国立宪史》，联经出版事业股份有限公司1984年版，第440页；国民大会秘书处编印：《国民大会实录》，国民大会秘书处1946年，第279页。

〔3〕 关于大法官名称之由来，翁岳生先生认为，"大法官"之名称是在行宪前的政治协商会议中首先提出的，"这个名称，依我的看法，是由英美法而来的。 因为在大陆法系国家各级法院法官的名称并没有什么分别，但在英美法则有 Judge 与 Justice 的不同"。 由于制宪者的构想，要使司法院相当于美国的联邦最高法院，因此，司法院的司法人员应称"大法官"，以与其他法院之法官有所区别。 参见翁岳生：《法治国家之行政法与司法》，月旦出版社1994年版，第353、414页。

权宪法（"五五宪草"）大相径庭。国民党虽然对政协的各项协议极表尊重，但坚持五权宪法基本精神不可动摇，希望其他党派尊重国民党缔造民国的革命历史，谅解他们的立场及主张。同年（1946年）3月，国民党的六届二中全会决议通过了五点修改原则，提请宪草审议委员会加以考虑。[1] 其中，对于政协《五五宪草修正原则》第4项，并未作任何更动之决议。

同年（1946年）11月19日，政协决议通过了《政治协商会议对五五宪草修正案草案》（史称"政协宪草"）。[2] 这份"政协宪草"乃是当时各政党间妥协后之结论，对"五五宪草"有大幅度的修改。其中，第83条"司法院为国家最高审判机关，掌理民事刑事行政诉讼之审判，及宪法之解释"和第84条"司法院设院长一人，大法官若干人，由总统提名，经监察院同意任命之"，实为对政协《五五宪草修正原则》第4项之具体化。从中可以看出，司法院不兼理司法行政，在当时已成为各政党间明确的共识。[3]

2. 1946年中华民国宪法的制定

"政协宪草"提出后，国民政府指定王宠惠、吴经熊、雷震进行文字整理校正，复经孙科、王宠惠、吴铁城、邵力子、陈布雷、雷震等人再就校正稿加以研究，除文字略有修正外，余均维持原"政协宪草"之规定。[4] 1946年11月22日，立法院通过了正式

---

[1] 荆知仁：《中国立宪史》，联经出版事业股份有限公司1984年版，第443页。
[2] "政协宪草"的原文，参见荆知仁：《中国立宪史》（附录十二），联经出版事业股份有限公司1984年版，第575页以下。
[3] 国民大会秘书处编印：《国民大会实录》，国民大会秘书处1946年，第306页。
[4] 国民大会秘书处编印：《国民大会实录》，国民大会秘书处1946年，第298页。

的宪法草案[1]。该宪法草案于同年11月28日提交制宪国民大会之后,经过审议过程中各方意见的妥协,最终于1946年12月25日获得通过,1947年1月1日由国民政府公布,1947年12月25日施行。[2] 下文对宪法草案上有关司法院的条文在审议过程中的修改情况进行介绍。

1946年11月28日,国民党召开国民大会第三次会议,开始审议宪法草案。首先,国民政府主席蒋介石向国民大会递呈宪法草案,并说明宪法起草经过。之后,立法院院长孙科向制宪国民大会报告宪法草案的内容。关于"司法"一章,孙科明确表示,"本宪草规定司法院为国家最高审判机关,与现在司法院不同,掌理民事、刑事、行政诉讼之审判及宪法之解释,且组织方面亦有改变。五五宪草司法院长由总统任命。本案第八十三条规定司法院长及大法官均由总统提名经监察院同意任命。此种制度,相当于美国之最高法院"。[3] 因此,对于制宪者的原意是司法院即为最高审判机关这一点,后来学者们的观点基本上是一致的。

制宪国民大会在审查宪法草案时,先是分组,由第四审查委员会负责审查司法、考试及监察部分。该委员会司法组就有关司法院之规定,提出了四项修改意见。

第一,关于司法行政的归属问题。虽然与会绝大多数代表之意

---

[1] 立法院通过的《中华民国宪法草案》的原文,参见荆知仁:《中国立宪史》(附录十三),联经出版事业股份有限公司1984年版,第594页以下。

[2] 1946年《中华民国宪法》的原文,参见荆知仁:《中国立宪史》(附录十四),联经出版事业股份有限公司1984年版,第613页以下。 有学者指出,"鉴于大部分'政协'修宪之基本原则均仍获保留,并依此修正'五五宪草',以及正式提出由民国三十五年制宪国民大会之事实,可知制宪之草案实大体脱胎自'政治协商会议',与最原始之'五五宪草'相距已不可以道里计矣"。 参见法治斌、董保城:《宪法新论》,元照出版公司2004年版,第114页。

[3] 国民大会秘书处编印:《国民大会实录》,国民大会秘书处1946年,第392、396页。

第四章 大法官释宪制度在近代中国的形成及其初步实践

见均主张"司法行政必须隶属于司法院,以完成司法权之统一",但因少数代表坚持原议,第四审查委员会司法组对于宪法草案第82条,提出以下三种审查意见,一并提交综合审查委员会讨论:①司法院为国家最高司法机关,掌理民事、刑事、行政诉讼之审判及公务员之惩戒。②司法院为国家最高司法机关,掌理民事、刑事、行政诉讼之审判、公务员之惩戒及各级法院法官之任用考核。③司法院为国家最高司法机关,掌理民事、刑事、行政诉讼之审判及公务员之惩戒、各级法院法官之任用考核及其他有关司法行政事项。

第二,新增设司法院副院长。

第三,宪法解释之相关规定依审查之决定,由第82条移至第78条。

第四,原草案第82条中"最高审判机关"之表述,改为"最高司法机关"。[1]

最后,综合审查委员会决定采上述第二、三、四项之修正意见,以及第一项之第①种修正意见,即不将司法行政列入司法院职权之内。[2] 但同时,又依第四项意见,将宪法草案第82条中"最高审判机关"之表述改为"最高司法机关",并将该条移至正式宪

---

〔1〕 国民大会秘书处编印:《国民大会实录》,国民大会秘书处1946年,第444页。

〔2〕 国民大会秘书处编印:《国民大会实录》,国民大会秘书处1946年,第452页以下。 据制宪国民大会代表阮毅成1946年12月16日的记载,在综合审查委员会审查阶段,"中央有指示:……原草案有关司法院之组织及大法官超出党派以外两条,必须维持,不必再提司法行政部属于司法院……因为中央的指示,颇为具体而明确,所以今天上午的会非常顺利"。 参见阮毅成:《制宪日记》,台湾商务印书馆1970年版,第55页以下。

法第 77 条，这一表述上的修改不论其目的为何，[1] 客观上却沿袭了国民党"五五宪草"上涵盖司法行政权的司法院表述，[2] 留下了司法院将来继续作为司法行政机关，来充当"最高司法机关"角色的可能性。但不容忽视的是，制宪国民大会的确是最终否决了将司法行政权列入司法院职权之内的意见。

此外，制宪国民大会将宪法草案第 82 条（司法院职权）中的"宪法之解释"移出，与第 86 条的"统一解释法律及命令之权"合并为正式宪法第 78 条，同时，将宪法草案第 83 条移至正式宪法第 78 条，并规定大法官"掌理本宪法第七十八条规定事项"，这样一来，大法官同时掌理了宪法解释权和法令统一解释权（见表 4-1）。但是，将司法院的审判权与宪法解释权分开规定的结果，就造成对正式宪法的制度设计是否仍与宪法草案的制宪构想相同之争论。例如，司法院是否应为审判机关？大法官是否"仅"有解释宪法及统一解释法令之权？这一点上的歧义，实际上为后来司法院组织法的转向留下了空间。

---

[1] 据记载，制宪国民大会在讨论该条时，部分修正意见之所以将"最高审判机关"改为"最高司法机关"，乃是想使司法院除"审判权"外，尚握有"司法行政权"。参见王云五：《国民大会躬历记》，台湾商务印书馆 1966 年版，第 58 页；罗志渊：《中国宪法史》，台湾商务印书馆 1967 年版，第 425 页。 对此，有学者依据《国民大会速记录》（第十次会议，民国 35 年 12 月 18 日上午 9 时，收录于《国民大会制宪会议记录誊正本（四）》，第 18 页）提出不同意见，认为依原始记录，此处所为之修正，纯系文字技术之性质，以谋与其他各院相对称及符合五权建制之基本设计。 且司法本即是审判，乃决议更名。 参见法治斌：《司法行政与司法审判之分与合》，载翁岳生教授祝寿论文集编辑委员会编：《当代公法新论——翁岳生七秩诞辰祝寿论文集》，元照出版公司 2002 年版，第 778 页。

[2] "五五宪草"第 76 条规定："司法院为中央政府行使司法权之最高机关，掌理民事、刑事、行政诉讼之审判及司法行政。"

第四章 大法官释宪制度在近代中国的形成及其初步实践

表 4-1 司法院相关规定之比较

宪法草案上的"司法"部分	1946 年《中华民国宪法》上的"司法"部分
第 82 条 司法院为国家最高审判机关，掌理民事刑事行政诉讼之审判及宪法之解释。	**第 77 条** 司法院为国家最高司法机关，掌理民事、刑事、行政诉讼之审判及公务员之惩戒。
第 83 条 司法院设院长一人，大法官若干人，由总统提名，经监察院同意任命之。	**第 78 条** 司法院解释宪法，并有统一解释法律及命令之权。
第 84 条 法官须超出于党派以外，依据法律，独立审判。	**第 79 条** 司法院设院长、副院长各一人，由总统提名，经监察院同意任命之。司法院设大法官若干人，掌理本宪法第七十八条规定事项，由总统提名，经监察院同意任命之。
第 85 条 法官为终身职，非受刑事或惩戒处分或禁治产之宣告不得免职。非依法律不得停职转任或减俸。	**第 80 条** 法官须超出党派以外，依据法律独立审判，不受任何干涉。
第 86 条 司法院有统一解释法律及命令之权。	**第 81 条** 法官为终身职，非受刑事或惩戒处分，或禁治产之宣告，不得免职。非依法律不得停职、转任或减俸。
第 87 条 司法院及各级法院之组织，以法律定之。	**第 82 条** 司法院及各级法院之组织，以法律定之。

（表 4-1 转引自林子仪：《权力分立与宪政发展》，月旦出版社 1993 年版，第 13 页。宪法草案与 1946 年《中华民国宪法》的原文，参见荆知仁：《中国立宪史》[附录：历次所拟宪草各稿条文]，联经出版事业股份有限公司 1984 年版，第 475 页以下。）

除了第七章"司法"之外，1946年《中华民国宪法》还在其他章节中规定"法律与宪法抵触者无效，法律与宪法有无抵触发生疑义时，由司法院解释之"（该宪法第171条）；"命令与宪法或法律抵触者无效"（该宪法第172条）；"宪法之解释，由司法院为之"（该宪法第173条）；"省自治法制定后，须即送司法院。司法院如认为有违宪之处，应将违宪条文宣布无效"（该宪法第114条）。由此，这部宪法在中国立宪史上，首次建立起了较为完备的违宪审查制度。

二、司法院组织法修改后的司法院与大法官释宪制度

作为对 1946 年《中华民国宪法》上司法院相关规定的具体化，其后颁布的《司法院组织法》及该法在正式实施前的重新修改，值得给予特别的注意。

为了配合宪法的实施，国民政府于 1947 年 3 月 31 日公布了《司法院组织法》，预定于宪法施行日（同年 12 月 25 日）同时付诸实施。该法第 4 条第 1 款规定，"司法院分设民事庭、刑事庭、行政裁判庭及公务员惩戒委员会"。[1] 其立法宗旨，乃是根据政协《五五宪草修正原则》之后所确立之 "司法院即为国家最高法院" 之制宪原则，以立法形式规定司法院之组织，确定其为全国最高审判机关之地位。[2] 并且，由此项立法，亦显见当时的立法者确认，1946 年《中华民国宪法》上的司法院相关规定乃是仿效美国联邦最高法院而将司法院设计为全国最高审判机关的。[3]

依当时的司法院组织法，司法院应直接掌理审判，而非在司法院以外另设最高法院、行政法院以及公务员惩戒委员会。但这样一来，就不可避免地会对当时既存的各审判机关的长官们产生影响。因此，司法院组织法一经公布，便遭遇到最高法院院长等法界人士

---

[1] 修改前的《司法院组织法》的原文，参见郭卫编：《中华民国宪法史料》，文海出版社 1973 年版，第 193 页以下。

[2] 雷震：《雷震全集第 23 卷：制宪述要》，桂冠图书公司 1989 年版，第 61 页以下。

[3] 林子仪：《权力分立与宪政发展》，月旦出版社 1993 年版，第 18 页。

的公开反对。[1] 并且，由于当时正陷于内战状态，司法应采取何种制度，对国民政府而言，并不是最重要的事，既然有激烈的反对，便在原定的施行日（1947年12月25日）对该法予以修改，重新公布，并将施行时间推迟至1948年6月24日。[2] 修改后的《司法院组织法》彻底改变了原《司法院组织法》的制度设计，规定"司法院设最高法院、行政法院及公务员惩戒委员会"（该法第5条）[3]，作为司法院的直属机关。如此一来，司法权的构造又回归到国民政府成立之初训政时期约法下的旧制。

另外值得注意的一点是，原《司法院组织法》规定，"司法院设大法官会议，以大法官九人组织之，行使解释宪法并统一解释法律命令之职权。大法官会议，以司法院院长为主席"（该法第3条第1、2款）。但由于此次修改之后，最高法院等仍然继续存在，大法官也就无法掌理具体案件之审判，变成了专职解释宪法及统一解释法令的大法官会议成员。

如此一来，1946年《中华民国宪法》上仿效美国制度而设计的司法院，在经历了《司法院组织法》的波折之后，并未能如最初设想的那样，成为美国联邦最高法院那样的最高审判机关。其结

---

[1] 杨与龄：《宪法及五五宪草之司法院暨现制之改进》，载《法律评论》第53卷第7期（1987年），第4页；张特生：《在我国宪政体制中司法制度上的几个重要问题》，载中国台湾地区"司法院"大法官秘书处编：《司法院大法官释宪四十周年纪念论文集》，"司法院"1988年版，第245页；张特生：《大法官会议的经验谈及改进意见》，载《宪政时代》第22卷第4期（1997年），第10页。 此外，据李学灯"大法官"回忆，"当时宪草司法一章，甚与美制相近。 后见报载，有以最高法院全体推事同仁名义发表社论，主张在司法院之下，最高法院照旧维持。 此后司法院组织法、大法官会议法的制定，似都与此原则性的主张有关"。 参见李学灯：《释宪纪要》，载中国台湾地区"司法院"大法官秘书处编：《司法院大法官释宪五十周年纪念论文集》，"司法院"1998年版，第713页。

[2] 翁岳生：《法治国家之行政法与司法》，月旦出版社1994年版，第416页。

[3] 修改后的《司法院组织法》的原文，参见张知本编：《最新六法全书》，大中国图书公司1956年版，第47页。

第四章 大法官释宪制度在近代中国的形成及其初步实践

果,该宪法上首次确立的违宪审查制度,也最终偏离了美国式大法官释宪制度的构想。[1]

---

[1] 对此,有学者认为,司法院组织法和司法院体制与制宪者的原意相抵触,有违宪之虞。参见林纪东:《中华民国宪法逐条释义(三)》,三民书局1991年版,第39页;许志雄:《宪法秩序之变动》,元照出版公司2000年版,第469页;林子仪:《权力分立与宪政发展》,月旦出版社1993年版,第14页。

三、大法官释宪制度的实施及其特征

1. 大法官的就任

原司法院组织法规定大法官为9名,但未规定其任职资格。修改之后,司法院组织法将大法官的名额增至17名,并明文规定了大法官的任职资格及任期。

首先,关于大法官的选任,要求具备以下资格之一(该法第4条第1款):

一、曾任最高法院推事十年以上者。

二、曾任立法委员九年以上者。

三、曾任大学法律学主要科目教授十年以上者。

四、曾任国际法庭法官,或有公法学或比较法学之权威著作者。

五、研究法学,富有政治经验,声誉卓著者。

但是,"具有前项任何一款资格之大法官,其人数不得超过总名额三分之一"(该法第4条第2款)。其目的在于,确保各类法学家、实务家的人数保持均衡,从而能够代表各种不同观点,使大法官会议的宪法解释或法令统一解释保持不偏不倚之立场。[1]

大法官的任期为9年(该法第4条第3款)。规定大法官定期选任制度,是为了促进大法官的新陈代谢,实现释宪制度的健康发展。但另一方面,依1946年《中华民国宪法》,"法官为终身职"(该宪法第81条),由此看来,大法官与宪法上所规定之法官之间,

---

[1] 陈瑞堂:《大法官之任命与任期》,载中国台湾地区"司法院"大法官书记处编:《大法官释宪史料》,"司法院"1998年版,第50页。

第四章 大法官释宪制度在近代中国的形成及其初步实践

似又有一定区别。关于大法官是否是法官，常人看来，或以为不过是"白马非马"的文字游戏，但在制度上，却涉及大法官任期结束后能否享受司法人员退职后的"优遇"，因而后来成为了有争议的问题。[1]

1948年6月24日，《司法院组织法》开始施行。同年7月，王宠惠被任命为司法院院长，成为了大法官会议的主席。[2] 当时，蒋介石提名17人为第一任大法官，但在监察院进行审查的阶段，投票之后，只有12人获得同意。另外由于时局原因，有2人没有赴任。结果，在7月14日就任大法官的，只有10位。其后不久，同年11月又有1位大法官因病去世。因此，翌年（1949年）3月，经监察院同意，又由代总统李宗仁补充任命了8位大法官。[3]

2. 大法官会议规则的制定

第一任大法官在1948年9月15日召开的第一次会议上，制定

---

[1] 张特生"大法官"在论文中提到，"大法官之任期，并非宪法所定，司法院组织法之任期规定是否合宪，早经监察院及国民大会提出异议，声请解释。 惟因事涉大法官本身权益，为免招物议，大法官不愿作成解释。 况其他国家法官之设有任期规定者甚多，不能因有任期，即谓其'非法官'"。 参见张特生：《大法官会议的经验谈及改进意见》，载《宪政时代》第22卷第4期（1997年），第12页。 另外，据李学灯"大法官"回忆，的确曾出现向司法院申请解释大法官是不是法官的案件，关于是否发生或如何处理回避问题，有过长时间的研究和讨论，不过后来该案又被撤回了。 参见前引李学灯：《释宪纪要》，第712页以下。

[2] 参见《大法官释宪纪要》，载中国台湾地区"司法院"大法官书记处编：《大法官释宪史料》，"司法院"1998年版，第414页。

[3] 前引陈瑞堂：《大法官之任命与任期》，第55页。

并通过了《司法院大法官会议规则》[1]，作为以后的议事规则。[2]该规则于次日由司法院公布施行。其中规定，"依宪法应由司法院解释之事项，其解释以大法官会议之决议行之"（该规则第2条）。从该规则来看，当时的宪法解释制度有以下几个特征：

第一，申请解释宪法者，以"中央或地方机关"为限，人民不得提出申请。申请的事由，仅限于宪法疑义、法令违宪解释或法令统一解释，即该机关"于其职权上适用宪法发生疑义，或适用法律、命令发生有无抵触宪法之疑义时，得声请解释"；"就其职权上适用法律或命令所持见解与本机关或他机关适用同法律或命令时所已表示之见解有异者，得声请统一解释。但该机关依法应受本机关或他机关见解之拘束，或得变更其见解者，不在此限"（该规则第3、4条）。

第二，关于申请的程序，规定"声请解释机关有上级机关者，其声请应经由上级机关层转声请解释。不合规定者，上级机关不得为之转请。上级机关应依职权予以解决者亦同"（该规则第5条）。

第三，关于解释的程序和方式，规定"大法官会议接受声请解释事件后，应即按收文号次及分案轮次交大法官一人审查，拟具解释初稿或其他意见，提出大法官会议讨论。如经会议议决重付审查时，得由会议加推大法官数人，以一人为召集人，拟具报告，提出会议讨论。前项付审查事件，如大法官会议认为应迅速办理者，得限定提出审查报告之期间"（该规则第8条）。

---

[1] 《司法院大法官会议规则》共21条。该规则不仅是大法官行使规则制定权的先例，也是关于宪法解释程序的最初规则。该规则的原文，参见杨与龄：《司法规则制订权与大法官审理案件程序法规之制定及修正》，载中国台湾地区"司法院"大法官秘书处编：《司法院大法官释宪五十周年纪念论文集》，"司法院"1998年版，第332页以下。

[2] 《司法院大法官会议规则》第1条规定，"大法官会议，除宪法及法律规定外，依本规则行之"，体现了议事规则的特点。

第四,关于解释案的决议,"大法官会议应有大法官总额过半数之出席,出席大法官过半数之同意,始得为决议,可否同数时取决于主席。但解释宪法,或为法律或地方自治法抵触宪法之决议,应有大法官总额过半数之同意"(该规则第 12 条)。"表决方法必要时得经会议决定,以无记名投票行之"(该规则第 13 条)。

从申请人的范围、程序和解释的程序、方式来看,该规则基本上是沿袭了大理院及司法院的法令统一解释制度。但另一方面,申请的事由(解释权的权限)已经扩大到对宪法疑义与违宪疑义的宪法解释。特别是,对法律是否违宪进行审查,的确是以往的法令统一解释制度所无法企及的。

另外,关于法令统一解释的申请要件,该规则强调了法令解释的"统一"功能,规定"中央或地方机关,就其职权上适用法律或命令所持见解与本机关或他机关适用同法律或命令时所已表示之见解有异者,得声请统一解释。但该机关依法应受本机关或他机关见解之拘束,或得变更其见解者,不在此限"(该规则第 4 条)。如此一来,大法官就不必再像以往的法令统一解释制度下那样,只要国家机关或下级审判机关就法令之适用持有疑义,便有求必应地对其申请做出解释,而是逐渐地转变为侧重于统一法令适用上的不同见解,以维持法律的秩序。

但是,对于因为违宪的法令而遭受人权侵害的国民,该规则与过去的法令统一解释制度一样,并没有敞开法律救济的大门。此外,宪法解释者尽管被称为"大法官",但从其释宪的程序来看,不仅要求"解释事件之分配、审查、讨论及其他经过情形,均应严守秘密"(该规则第 19 条),而且,对于言辞辩论、举证责任以及委托代理人等事项,也没有作任何的规定,还不具备以审判公开、两造对审为基本原则的司法构造。

3. 大法官释宪的初步实践

国民党政权在被迫承诺实施宪政之后不久，便在1949年土崩瓦解。其后，共产党领导下的社会主义政权废除了国民党政权的"六法全书"体系。在此之前，大法官会议在同年1月6日做出了两件宪法解释，在中国法制史上留下了大法官释宪制度诞生后的稚嫩足印。

1949年1月6日的释字第1号解释，对江西省政府的解释申请作出了如下答复："立法委员依宪法第七十五条之规定不得兼任官吏，如愿就任官吏，即应辞去立法委员。其未经辞职而就任官吏者，亦显有不继续任立法委员之意思，应于其就任官吏之时视为辞职。"[1] 另外，当日同时公布的释字第2号解释就宪法解释权及法令统一解释权的行使要件，作了如下的说明：

> 宪法第七十八条规定司法院解释宪法并有统一解释法律及命令之权，其于宪法则曰解释，其于法律及命令则曰统一解释，两者意义显有不同。宪法第一百七十三条规定宪法之解释由司法院为之，故中央或地方机关于其职权上适用宪法发生疑义时，即得声请司法院解释。法律及命令与宪法有无抵触，发生疑义时亦同。至适用法律或命令发生其它疑义时，则有适用职权之中央或地方机关皆应自行研究，以确定其意义而为适用，殊无许其声请司法院解释之理由。惟此项机关适用法律或命令时所持见解，与本机关或他机关适用同一法律或命令时所已表示之见解有异者，苟非该机关依法应受本机关或他机关见解之拘束，或得变更其见解，则对同一法律或命令之解释必将发生歧异之结果，于是乃有统一解释之必要，故限于有此种情

---

[1] 中国台湾地区"司法院"解释编辑委员会编：《司法院大法官会议解释汇编》，"司法院"秘书处1991年版，第23页。

形时始得声请统一解释。本件行政院转请解释，未据原请机关说明所持见解与本机关或他机关适用同一法律时所已表示之见解有异，应不予解释。[1]

这一解释是对大法官会议规则第4条的进一步阐释，以解释例的形式确立了宪法解释权与法令统一解释权的启动要件。对此，也有学者认为，该解释确立了大法官独占的宪法解释权，即抽象宪法解释权，大法官的宪法解释原本也有可能成为具体的宪法解释，与其他法院一样，采取审理案件、纠纷的形式。[2]

以上两项宪法解释，均为就宪法条文之疑义所作的抽象性解释，而非对法令进行的违宪审查。因此，近代中国的宪法上虽然最终建立起了规范体系较为完整的违宪审查制度，但该制度最终未能真正地付诸实施。而就该制度本身而言，尽管大法官被称为"法官"，但在当时，其解释宪法的程序还不具备公开、对审的司法构造，与司法审查、宪法诉讼意义上的司法释宪制度之间，尚有一定的距离。

---

[1] 中国台湾地区"司法院"解释编辑委员会编：《司法院大法官会议解释汇编》，"司法院"秘书处1991年版，第24页以下。

[2] 汤德宗：《权力分立新论》，元照出版公司1998年版，第138页。

四、结语：近代中国宪法解释制度的曲折发展及其启示

在中国的司法制度走向近代化的过程中，议会民主制度命运多舛、司法机关的设置也是困难重重，导致司法独立的问题陷入左右为难的困雾迷局。从历次的制宪过程来看，与强调对法官独立的保障相比，对法官不信任、强调对法官进行立法控制（拘束）的"法官依法审判"话语得到了更多的认同。这种视"司法"为"执法"的"行政型司法"观念最终占据了主导地位，构成了近代中国选择欧陆式司法制度的思想背景。因而，在北洋政府的大理院、国民政府的最高法院以及司法院的判决例和解释例里面，虽然援引宪法性文件的案例并不少见，但司法审查、宪法诉讼意义上的司法释宪制度却未能自发地生成。

在这样的背景下，尽管当时有学者（例如王宠惠）主张宪法解释权应归属于法院，但这种汉密尔顿式的司法释宪理想最终未能变为现实。北洋政府时期，在军阀独裁政治中风雨飘摇的国会受议会主权思想的影响，在制定宪法时决定将宪法解释权保留在自己手中。而到了国民政府时期，国民党的"五五宪草"虽然仿效美国的司法释宪模式，将宪法解释权赋予司法院，但仍预留了维持司法院体制的空间，并对宪法解释权的启动做了限制性规定。二战结束后，由政治协商会议起草的宪法草案对"五五宪草"进行了较大的修改，效仿美国将司法院明确规定为最高审判机关，并赋予大法官以宪法解释权。但是，由于宪法的正式文本对这些规定作了文字表述上的调整，而司法院组织法也维持了既有的司法院体制，在司法院之外仍然存在最高法院，因此大法官并不审判具体案件，仅抽象地进行宪法解释，从而转向了欧陆式的违宪审查制度。

第四章　大法官释宪制度在近代中国的形成及其初步实践

有学者认为，近代中国的大法官释宪制度是由司法机关内部的请示批复制度演变而来的。[1] 考诸法令统一解释制度在我国之沿革，其在中国司法制度近代化之初就已出现，其后在北洋政府时期由大理院实施，在国民政府时期先后由最高法院和司法院实施。从大法官会议规则来看，大法官释宪制度的确在不少方面与之前的法令统一解释制度非常近似，而且，宪法解释权和法令统一解释权一并被赋予大法官来行使，但从大法官释宪制度的形成过程来看，这并非是制宪者当初的构想，而是其后司法院组织法转向的结果。尤其是，大法官释宪制度在 1946 年《中华民国宪法》上是作为宪法保障制度被确立的，其违宪审查功能与以往的法令统一解释制度的释疑答复功能相比，有着本质的不同。

但另一方面，司法机关内部的请示批复制度作为中国司法制度的一大特色，至今已有逾 100 年的历史，其与本文所探讨的近代中国在移植违宪审查制度之时的不断试错所涉及的司法独立、"行政型司法"等课题之间，存在千丝万缕的联系。这些课题对 1949 年后的中国大陆和台湾地区均留下重大的影响，成为中国司法制度的近代化所未完成的课题。当我们再次探讨司法释宪或违宪审查的可能路径之时，仍然不能忽视这些课题。而日本学者宫泽俊义、田中二郎两教授在评论"五五宪草"时强调的作为宪法解释者所必需之"独立性"和"权威性"，[2] 可以说正是对近代中国司法制度之未竟课题的一个概括。

---

[1] 例如，楊日然「中華民国大法官会議の組織と機能」ジュリスト999号（1992年）98頁。

[2] 宮澤俊義・田中二郎『中華民国憲法確定草案』中華民國法制研究會1936年381頁。

附录

各章原载一览

第一章 违宪审查制度的构造与功能
违宪审查制度的构造与功能，牟宪魁，载《东岳论丛》2010年第8期（2010年8月）

第二章 北洋政府时期的司法权与宪法解释制度
北洋政府时期的司法权与宪法解释制度研究，牟宪魁，载《法学评论》2012年第3期（2012年5月）

第三章 国民政府时期的司法权与宪法解释制度
国民政府时期的司法权与宪法解释制度研究——"五五宪草"上的司法释宪模式之检讨，牟宪魁，载《法学》2013年第4期（2013年4月）

第四章 大法官释宪制度在近代中国的形成及其初步实践
大法官释宪制度在近代中国的形成及其初步实践，牟宪魁，载《山东大学学报（哲学社会科学版）》2012年第1期（2012年1月）

Why Not American-Style Judicial Review?
Judicial Power and the Constitutional Interpretation System in China's Northern Warlords Government Era (1912—1928) *

INTRODUCTION

Alexander Hamilton, one of America's Founding Fathers, advised: "The interpretation of the laws is the proper and peculiar province of the courts. A constitution is, in fact, and must be regarded by the judges as a fundamental law. It therefore belongs to them to ascertain its meaning as well as the meaning of any particular act proceeding from the legislative body."[1] This idea was restated in Chief Justice Marshall's *Mar-*

---

* Xiankui Mou, "Why Not American-Style Judicial Review?: Judicial Power and the Constitutional Interpretation System in China's Northern Warlords Government Era (1912—1928)", *The Journal of Comparative Law*, Vol. 17, No. 22., 2022, pp. 331—349. The author of this paper wishes to thank Dr. Amy Kellam for her kind editorial assistance in preparing the manuscript for this essay.

[1] J. Madison, A. Hamilton, J. Jay, *The Federalist Papers*, China Social Science Publishing House, 1980, p. 467.

bury v. *Madison* judgment in 1803, thereby laying the foundation of the American-style judicial review that empowers the judge in the United Sates to interpret the constitution and review the constitutionality of laws. This idea also had much influence in East Asia. For example, the Japanese Constitution has proclaimed that the Supreme Court has power to review the constitutionality of laws. China experienced the influence too. The Constitution of the Republic of China in 1946 also tried to transplant an American-style judicial review system, although this failed ultimately. This paper concerns earlier efforts at such a transplantation.

This paper mainly discusses the following issues: why was an American-style judicial review system not established in the early Republic of China? What unresolved problems did this history leave us? To answer these questions, it is necessary to trace the tortuous tracks by which initial efforts were made to introduce a judicial review system in the early Republic of China. This paper focuses on the Northern Warlords' Government period (1912—1928) as the subject of study, in order to analyse the core topics of judicial power and the constitution interpretation system. It investigates deep-layer causes blocking the possibilities of robust constitutional interpretation by courts by exploring the formulation and predicament of the Dali Yuan system, and dilemmas in constitutional thought during this period.

THE CREATION OF THE DALI YUAN SYSTEM

The Import of a "Western" style Judicial System

The combination of fused judicial and administrative powers in the

Why Not American-Style Judicial Review?

governmental system was the basic characteristic of China's imperial judicial system, where an administrator also acted as a judge. [2] Owing to this fusion, it was certainly impossible for the concept of "judicial" or "judicial power" in the modern constitutional sense to come into being.

Against this background, the reform promoting modernization of the judicial system, in which the independence of judicial organs was an unavoidable core issue, was launched by the late Qing Dynasty in the last years of the 19th century and the first decade of the 20th. Under domestic and international pressure,[3] the Qing Government issued an imperial edict to announce "Preparation of Constitutional Politics" and carried

---

[2] See Guan Ou, *Fayuan zuzhi fa* (The Organic Law of Courts), Sanmin Shuju, 1990, p. 9; Shi Qingpu, *Fayuan zuzhifa xinlun* (New Theory of the Organic Law of Courts), Sanmin shuju, 2001, p. 37.

[3] China was forced to enter into unequal treaties after the Opium War, acknowledging the consular jurisdiction of Britain and 17 other countries. In 1899, Japan, which was in the same circumstances as China, abolished consular jurisdiction by means of law revision and judicial system reform. Thereafter China also sought to implement such reforms, but its efforts were turned down by the Great Powers on the basis that it had a backward legal system. After 1902, Britain, Japan and America promised in succession to abrogate consular jurisdiction on the condition that China would change law and judicial procedure to meet their standards. The Qing Government then appointed Shen Jiaben and Wu Tingfang as Law Revision Chancellors, and ordered them to refer to the laws of other countries so as to revise China's existing law and moderize China's law so that it became more effective at home and internationally. See Huang Yuansheng, "Mingchu daliyuan" (Dali Yuan in the Early Republic of China), *Zhengda falü pinglun* (Chengchi Law Review), 1998, p. 94. Thereafter the Japanese victory over Russia in the Japan-Russia War came as a great shock for the Chinese people. This victory was seen as the triumph of a constitutional system over feudal absolutism and Japan's victories in the Sino-Japaness War of 1894— 1895 and in the Japan-Russia War were considered as proof that constitutionalism would make a country strong. Constitutionalism became a national topic and an overwhelming public concern. See Yang Youjiong, *Jindai zhongguo lifa shi* (Legislative History of Modern China), Shangwu yingshu guan, 1936, p. 31; Pan Shufan, *Zhonghua minguo xianfa shi* (Constitution History in Republic of China), Shangwu yingshu guan, 1935, p. 3; Jing Zhiren, *Zhongguo lixian shi* (China Constitutionalism History), Lianjin chuban shiye gongsi, 1984, pp. 27—36.

out reform of the civil service system in 1906. According to the new civil service system, the Board of Punishments became the Legal Department (or, Ministry of Justice), exclusively in charge of judicial administration. The Dali Si (Chamber of Revision) was transformed into the Dali Yuan (provisional Supreme Court), placed exclusively in charge of trials, and was now the highest court in the state.[4] The Organic Law of the Dali Yuan, issued the same year, stipulated in Article 6 that "the courts below and under the direct jurisdiction of Dali Yuan definitely may not be interfered with by administrative agencies, in order to make clear the importance of independent judicial power for protecting people's person [al rights] and fortune".[5] Thus, judicial independence and the legislative purpose of protecting human rights were declared.

In 1909, a Law of Court Organizations was enacted,[6] replacing the Organic Law of the Dali Yuan. The new Law stipulated a four-instance and three-level system for introducing a "Western" style judicial system, in a manner similar to the Organic Law of Judicatories in Japan. In the same year, the Leading Methods of Organizations for Courts in Provincial Capitals and Commercial Ports were issued, signifying the be-

---

[4] Ming and Qing Archives Department of the Palace Museum, *Qingmo choubei lixian dangan shiliao* (*shangce*) (Archival Documents Relating Late Qing Dynasty [I]), Zhonghua shuju, 1979, p. 471; Guan, *The Organic Law of Courts*, supra note 2, p. 9; Kajikawa Shunkichi, *The Judicial System of the Republic of China: on Extraterritoriality*, Institute of Justice, 1943, p. 14.

[5] Political Science Club, *Daqing fagui daquan* (Qing Dynasty Statutes at Large), Kaozheng chubanshe, 1972, pp. 1—3.

[6] Xie Zhenmin, *Zhonghua minguo lifashi* (*xia*) (The Legislative History of the Republic of China [II]), Zhongguo zhengfa daxue chubanshe, 2000, p. 987. As mentioned below, the Law of Courts Organization in late Qing dynasty experienced several revisions during the period of the Republic of China and was effective until 1930s.

ginning of the separation between the judicial and administrative bodies. But soon after that, the Qing Dynasty collapsed, with the consequence that reformed courts were only established in the capital, provincial capitals and commercial ports at that time. [7]

It is worth noting that the Law of Courts Organization in the late Qing Dynasty stipulated in Article 35 that 'the President of the Dali Yuan has power to interpret law unified and dispose of related affairs, but it may not interfere in specific trials', which conferred a 'unified' power to interpret law on the President of the Dali Yuan. So a judicial interpretation system in which it was not the judges who interpreted the law appeared on the historical stage at the moment that the reform of the judicial system began. [8]

The Establishment of a Continental-style Judicial System

The Provisional Constitution of the Republic of China (1912), enacted soon after the founding of the Republic of China, adopted the principle of separation of powers. In Chapter Six, *Courts*, the Constitution stipulated many basic principles that were seen as originating from

---

[7] Guan, *The Organic Law of Courts*, supra note 2, pp. 9—10. At that time, Legal Department made a specific plan called Instalment Methods for Dealing with Judicial Administrative Business to establish modern judicial system step by step and submitted to Qing Government in February 1909. For details, See Kajikawa, *The Judicial System of the Republic of China*, supra note 4, p. 15.

[8] In the following period of the Republic of China, supreme judicial bodies like the Dali Yuan, Supreme Court and Judicial Yuan were entrusted with the unified power of legal interpretation. Moreover, after new China was founded, the supreme judicial body of the People's Republic of China, the Supreme Court, often replies the questions on application of law from lower courts, sometimes making written law which is calle "judicial interpretation", eg. The Supreme Court's Opinions on the Application of General Provisions of the Civil Law.

"Western" judicial systems, including the organization and authority of the courts, the identification and appointment of judges, and the independence and openness of trials. As to the construction of judicial power, the Constitution adopted the same framework as that of Japan, which had established an Administrative Appellate Court (Pingzheng Yuan) in addition to ordinary courts.[9] As to the organizational system of courts, the old laws such as the Law of Court Organization were still effective, in accordance with the provisional President's order,[10] so that the four-instance and three-level system, in which the Dali Yuan was the highest judicial body, continued. However, in reality, as the new judicial body had yet to be established, it was still the governmental administration that dealt with judicial business in many places. On June 20, 1915, the Northern Warlords Government issued a revised Law of Court Organization. In this new version, basic level grassroots courts were eliminated and the court system was restructured into three levels, including local

---

[9] As to administrative trial, the Provisional Constitution of the Republic of China stipulated that "courts should hear and decide civil litigation and criminal suit according to law. But special law related to administrative litigation and other special suits should be made separately" (Article 49); "People are entitled to complain before Pingzheng Yuan when their rights are harmed by government official's illegal activities" (Article 10). For the original text of Provisional Constitution, see Zhang Yaohui and Cen Dezhang, *Zhonghua minguo xianfa shiliao shangbian* (Historical Documents on the Constitution of the Republic of China [I]), Wenhai chubanshe. The Pingzheng Yuan was established to hear administrative litigation after the Organic Law of Pingzheng Yuan was issued. In addition, a Higher Civil Service Disciplinary Committee was established and began to take charge of disciplinary action against senior civil servants according to the Organic Law of the Civil Service Disciplinary Committee, issued in the same year. See Shi, *New Theory of the Organic Law of Courts*, supra note 2, pp. 37—38.

[10] Xie Zhenmin, *Zhonghua minguo lifashi (shang)* (The Legislative History of the Republic of China [II]), Zhongguo zhengfa daxue chubanshe, 2000, pp. 54—55.

Why Not American-Style Judicial Review?

courts, the high court and the Dali Yuan (The Supreme Court).[11] There was no revision of the provisions applicable to the Dali Yuan, meaning that the President of the Dali Yuan still held unified power and ultimate authority for legal interpretations.

Frustration in Congress—Constitution Making

Due to the dictatorial nature of government at that time, continuing political unrest, and other difficulties, Congress (Guohui) was not in the position to discuss official businesses in a sensible fashion after Yuan Shikai's inauguration as President. Hence, the drafting of Constitution was postponed several times. Here, this essay will take the Constitution of the Republic of China in 1914 and 1923 as subjects to study the stipulations relating to judicial power.

In 1914, Yuan Shikai dissolved Congress and abandoned the draft constitution (the Temple of Heaven Constitution Draft) worked out by Congress. Yuan then organized a Provisional Constitutional Conference in order to amend the Provisional Constitution of the Republic of China. He promulgated in 1914 the revised edition, called the Constitution of the Republic of China, (also known as the ' New Constitution ' , and ' Yuan's Constitution'). The Chapter on *Courts* in the new edition differed from its counterpart in the provisional version in the following respects. First, regarding independence of judicial power: the Provisional

---

[11] The original text of Law of Courts Organizations, see Commercial Press, *Zhonghua minguo xianxing fagui daquan* (The Republic of China Statue at Large) , Shangwu yingshu guan, 1933, pp. 1119—1125. For the Japanese version, see Taiwan Governor's Official Investigation Section, *Biantong zizai de zhonghua minguo sifa zhidu* (The Flexible Judicial System of the Republic of China) , No. 42 in Investigation of South China and Araucaria, 1920, pp. 19—52.

Constitution stipulated that "the judge should adjudicate independently and be free from any interference by higher organs", while the New Constitution stipulated only that "the courts should decide civil and criminal cases in accordance with law", emphasized the independence of the "courts" and the need to decide cases "in accordance with law". Secondly, regarding the appointment of judges, the Provisional Constitution stipulated that the court should consist of judges appointed by the provisional President and the Chief Law Officer, while the New Constitution stipulated that the court should consist of judges appointed by the President which in practice meant that the power of appointment of the judges was centralized in the President. Thirdly, the Constitution granted the Legislative Yuan power to bring a suit to the Dali Yuan to impeach the President, by which the jurisdiction of impeachment cases fell within the authority of the Dali Yuan. [12] After the failure of Yuan Shikai's Restoration, an executive order was issued on 29 June 1916, announcing the restoration of the Provisional Constitution and the authority of Congress. The 1914 Constitution of the Republic of China was thereby abandoned. [13]

Congress began to deliberate a draft Constitution after it was revived. In 1917, an argument between the President and Prime Minister occurred as to whether to take part in the First World War, leading to the second dissolution of the Congress and the deliberation on the draft Constitution was therefore interrupted. Cao Kun, victorious in the struggles

---

[12] For the original text of the Constitution of the People's Republic of China, see Zhang and Cen, *Historical Documents on the Constitution of the Republic of China* (I), supra note 9.

[13] Xie, *The Legislative History of the People's Republic of China* (II), supra note 10, pp. 118—119.

Why Not American-Style Judicial Review?

between various warlords, convened the senators of the prior congress of the early Republic of China in Beijing to convoke congress again by means of large-scale bribes. The third-time convoked congress elected Cao Kun as president, quickly deliberated and passed the draft constitution, and issued the Constitution of the Republic of China (also called the "Cao Kun Constitution" or "Vote Buying Constitution") on the day Cao Kun was inaugurated as president. In comparison with the Provisional Constitution and New Constitution, the section on judicial power in this constitutional code stipulated that "the President's appointment of President of the Supreme Court must be approved by Senate" (Article 98, Clause 2). In addition, in response to the provisions related to legislative power and administrative power, it also stipulated that "the judicial power of the Republic of China should be exercised by courts" (Article 97), making clear a political framework of separation of powers.

In particular, regarding the jurisdiction of judicial power, the Constitution stipulated that "the court accepts and hears civil, criminal, administrative and any other cases unless special provisions have been made in constitution and laws" (Article 99). [14] On this stipulation, the draft constitution specially emphasized that "it should be noted that it is not advocated to establish the Pingzheng Yuan", [15] clearly expressing the framers' intention to change the dual court system (ie, separately estab-

---

[14] For the original text of the Constitution of the People's Republic of China (1923), see Zhang and Cen *Historical Documents on the Constitution of the Republic of China (I)* supra note 9.

[15] See the written indication on the *Courts* part in draft constitution from Liu Chongyou, member of Committee for Drafting the Constitution. Wu, Zongci (1973) *Zhonghua minguo xianfa shi (qianbian)* (The Constitutional History of the Republic of China (I)) Tailian guofeng chubanshe, at 123—124.

lished common courts and administrative courts) into a unified one. However, this Constitution did not actually bring revolutionary influence on the judicial system due to the quick downfall of the Cao Kun regime the next year.

THE ROLE OF THE DALI YUAN AND THE PRACTICAL PROBLEMS OF THE DALI YUAN SYSTEM

The role of the Dali Yuan

The Congress in the early Republic of China period had been in chaos and flux and experienced several dissolutions. However, the Dali Yuan did not stop working as the supreme judicial organ until 1927 and played a key role in the establishment of judicial authority at a time when there was political instability. It is therefore useful to observe the functioning role of the Dali Yuan when studying the judicial system in the early Republic of China.

First, in addition to trials, the Dali Yuan compiled case law summaries based on the judgments it had delivered. In the early Republic of China period, Congress was not in the position to perform its functions normally due to political instability , and therefore the drafts of civil law and commercial law were not fully put into force. Against this background, the Dali Yuan often decided cases according to the laws of the

Why Not American-Style Judicial Review?

former Qing Dynasty,[16] and existing jurisprudence of law and custom. In addition, a form of case law with precedent effect emerged , the Dali Yuan omitted specific facts of cases and entered the universal normative part of the judgment into Dali Yuan Case Law Summaries. [17] The case law precedents of the Dali Yuan were actually binding on the lower

---

[16] In the early period of Republic of China, the formal resources of law for criminal justice included: the New Criminal Law of the Qing Dynasty in 1910, Provisional Criminal Law of the Qing Dynasty in 1912 and Supplementary Regulations to Provisional Criminal Law of the Qing Dynasty in 1914. And as to the civil justice, the statute law that could be applied only consisted of the civil part in New Criminal Law of the Qing Dynasty which was confirmed as still effective and a few special regulations promulgated after the establishment of the Republic of China, due to the fact that civil code had not been issued yet. Huang "The Supreme Court of China", supra note 3, pp. 134—135.

[17] The civil part in the New Criminal Law of the Qing Dynasty could be applied only after the Dali Yuan confirmed it. The precedents of the Dali Yuan in this period became the most important source of civil law, which had a profound effect on the trials of the day. From 1913—1920, every time the Dali Yuan made a judgment, a precedent arose, especially from 1918 to 1920, when most precedents were created. Because there was no law to rely on, no established precedent to abide by, the situation was difficult. After 1921, owing to the existing precedents, there was no need to establish new precedents, and the number of precedents reduced obviously. As required by the *Dali Yuan Editing Rules*, civil precedents and interpretation precedents were to be edited according to the structure and framework of the Qing Dynasty Draft Civil law in the sequence of parts, chapters, and sections. The precedents complied with the requirement that the facts of specific cases be omitted and the more universal, normative part be entered, and were called Case Law Summaries and the interpretation precedents were also complied in general matters. Professor Huang Yuansheng believed that the results were the Dali Yuan's "fruits" of its law-making efforts,"Da Li Yuan", supra note 3,pp. 136—138.

courts, and therefore became sources of law for judges.[18] What is more, the principles established in these precedents were mostly assimilated by the Civil Code enacted later by the National Government.[19] So some scholars in the period of the Republic of China believe that we should conclude that an Anglo-American law styled legal precedent system was implemented in the early Republic of China.[20]

Secondly, the Dali Yuan had autonomy in its internal affairs. The Law of Court Organization stipulated that "the Justice Minister supervises courts and procuracies all over the country" in the first paragraph of Article 158. But it also stipulated that "the regulations of Dali Yuan and its branch Yuan [courts] were to be approved by the Dali Yuan, but needed only to be reported to Ministry of Justice before implementation".[21]

---

[18] Article 35 in the Law of Courts Organizations stipulated that the President of the Dali Yuan had power to interpret law unified and dispose related affairs. Therefore the precedents of the President's interpretation of law, published with his permission, could be understood as the function of his interpreting power and had binding effect on lower courts. If the lower courts made decisions conflicting with the precedents of the Dali Yuan, the Dali Yuan could withdraw the decision for destroying unified interpretation system of laws. And the privies could also petition for the abrogation or amendment of the judgment for the reason of violating the precedent of the Dali Yuan. Ibid at 135, 137.

[19] The Dali Yuan edited the civil precedents and interpretation precedents according to the structure and frame of Civil Law of the Qing Dynasty and the civil law system was established actually. See Huang "Da Li Yuan", supra note 3, p. 5.

[20] Hu Changqing, *Zhongguo minfa zonglun* (Genera Introduction to Chinese Civil Law),Zhongguo zhengfa daxue chubanshe, 1997, p. 36. Hu served as the chief complier during the formulation of Civil Code Draft in the National Government period.

[21] Taiwan,*The Flexible Judicial System of the Republic of China*,supra note 11, pp. 28, 51. Rely on this, Dali Yuan formulated 1919 Dali Yuan Regulations, replacing 1913 Dali Yuan Rules. The Regulations provided details including the relation between Dali Yuan and its branch Yuans, the judicial administrative power the President of Dali Yuan had got, the organisation of Yuan, how to exercise the unified power to interpret law, editing affairs, meeting rules and so on, up to 230 clauses.

So the judicial administrative authority, the Ministry of Justice, was limited in its business, having no reference to the administrative affairs of the Dali Yuan. The Dali Yuan formulated the regulations about judicial administrative affairs and supervised their implementation, which meant autonomy, and its outward independence was thereby consolidated objectively.

In addition, the Dali Yuan had a "unified power" to interpret laws (Tongyi Jieshi Falingquan). That is to say, a very important dimension of the functions of the Dali Yuan was to unify the interpretation of laws and regulations. Congress was weak and limited in its effectiveness. But the Qing legal codes could not simply continue unchanged in a reforming Republic of China. The Dali Yuan thus not only handled cases, but also became a "legislating" court, in particular by drawing up abstract reviews with the goal of unifying the various interpretations of laws and regulations. More specifically, the characteristics of the unified power of interpreting law are illustrated below.

Characteristics of Unified Interpretation of Laws

The most distinguishing characteristic of the Dali Yuan's work was its unified interpretation of laws. In the Dali Yuan Regulations formulated in 1919,[22] the following characteristics of the unified interpretation of laws were presented clearly.

About The Applicant seeking Interpretation

The Regulationsspecified that "only public judicial persons and civ-

---

[22] See Dali Yuan Clerks Room, "Tongyi jieshi falingquan zhi xingshi" (The Implementation of Unified Power to Interpret Law), in *Dali yuan banshi zhangcheng* (Dali Yuan Regulations) (Chapter 5),1919,p. 80.

il servants who are so permitted by virtue of [their] government office and laws, are entitled to make a request for interpretation of law related to his duties only" (Article 204). Therefore, private requests for interpretation would not be accepted. In practice, in addition to lower judicial organs, the list of appropriate applicants included the State Council, the War Department, the Justice Department, other central administrative departments and local governors in charge of military and administrative business. The unified interpretation made by the Dali Yuan, which had the highest status in the system of courts, had binding effect and enhanced the status of judicial authority within the legal and the political systems. [23]

The object of interpretation

In addition toconsideration of doubtful points of law, "a request for interpretation of items that laws fail to stipulate clearly may not be turned down" (Regulations, Article 205). Questions about specific cases, however, fell outside the scope of this provision.

Effect of interpretation

The Regulationsalso required that "the interpretations made by Dali Yuan have binding effect on the same category of items except in the situation that was provided in the provison in Article 35 in the Law of Court Organizations" (Article 203).

Interpretation procedure

The Regulations further stipulated that "the request should be handled by the President of Dali Yuan and sent to the heads of criminal chambers and civil chambers for drafting the reply". The request and the reply should be considered by the heads and judges of criminal chambers

---

[23] Huang, "The Supreme Court of China (1912—1928)", supra note 3, p. 107.

Why Not American-Style Judicial Review?

and civil chambers. In the event that the interpretation might contradict with Dali Yuan decisions or interpretations or newly established precedents, the heads and judges were entitled to express their opinions on the conflict. However, if two different opinions emerged, then a plenary session of criminal or civil judges should be held in order to reach a decision on the matter (Article 206).

The contents of an interpretation

The Regulations stipulated that: "the request and the reply should be published by Government Notice" (Article 210). Unifying interpretations of the Dali Yuan were binding on lower courts, so that the judicial interpretations had the same force as statutory law, and therefore were sources of law provided for lower courts. However, the unified interpretations made by the Dali Yuan were not located in specific judgments but, rather, were opinions separated out from specific cases, and represented abstract interpretations of law. Hence, in terms of its legal nature, this kind of interpretation should be regarded as having more of a legislative function rather than a judicial task.

On the other hand, requests for unified interpretation of laws provided ways for judges to escape from independent judgment and this violated the principle of exercising functions independently. Furthermore, the opportunity to appeal provided by the trial level system was rendered meaningless, which essentially restrained people's procedural rights. In terms of practical consequences for issues such as the maturity of the judicial system, especially the state of the local trial system and the qualifications of judges serving in grass-roots courts, this "request-reply" interpretation system should not be considered as having not any value. However, we can still see today some traces of this abstract judicial interpretation system in the current judicial systems of the Chinese mainland and Taiwan. [24]

Practical Problems of Judicial Independence

The reform of the judicial system in China remained persistently focused on the independence of judicial organs from the late Qing Dynasty onwards. However, striving for the independence of judicial organs was a process which bristled with difficulties. Local judicial organs were only set up in provincial capitals or commercial ports, while grass-roots courts could not be established due to a financial squeeze. Therefore, the situation in which county magistrates dealt with judicial business continued. [25] As a matter of fact, the political conference, which replaced the Congress dissolved by Yuan Shikai, decided to abolish grass-root courts, reduce some local judicial organs, and issue several judicial regulations in succession, including the Interim Regulations for County Magistrates Dealing with Judicial Business, Interim Regulations for Judicial Business of Counties in Jingzhao, and Interim Regulations for County Magistrates

---

[24] At present, when the Supreme People's Court of the mainland of China publishes the official reply to the lower court's request for instructions on the application of law, it actually provides the benchmark for the lower people's court's judicial work. However, in Taiwan, the "judges of the judicial court" exercise the "power of constitutional interpretation", and also exercise the "power of uniform interpretation of laws".

[25] Yang Youjiong "Jindai zhongguo sifa zhidu" (The Judiciary in Modern China) (1, 5 & 6), *Zhonghua faxue pinglun* (China Law Review), 1937, p. 30.

Why Not American-Style Judicial Review?

to Judge Cases. [26] Although the judicial system was seemingly established according to Provisional Constitution and the Law of Court Organization, its trunk had been hollowed out. The "four-instance and three-level" system for examining a case had been practically abolished. And it was hard to imagine any genuine independence of judicial power considering the separatist warlord regimes, constant wars and the unguaranteed stability of national power. Under the warlords' regime, judicial organs sometimes indeed ignored people's rights at trial to serve political and military intentions. [27]

On the other hand, in thelegal system's adoption of a new judiciary, the supervision from the Dali Yuan did have a large influence on judges' independent performance of their duties. As to the supervision over lower courts, it was stipulated clearly in the Law of Court Organization that "lower courts may differ in the understanding of laws from Dali Yuan and its branches…when a case is handed over to the lower courts for their consideration" (Article 45). [28]

---

[26] For the Japanese version of these regulations, see Taiwan, *The Flexible Judicial System of the Republic of China*, supra note 11, p. 83. As a provisional solution, court and procuratorate offices were established in 1913 in counties where courts had not been set up, in which judicial officers adjudicated cases. This incurred many disputes, including conflicts of jurisdiction between judicial officers and County Magistrates, and caused impediment in practice. Therefore the Interim Regulations for County Magistrates dealing with Judicial Business issued in April 5th the next year changed the judicial officers to assistant of county magistrates while county magistrates held the power to deal with judicial business exclusively and the Shenjian Offices in the counties were abolished. Kajikawa, *The Judicial System of the Republic of China*, supra note 4, p. 20.

[27] Li Jun, "Lun beiyang zhengfu shiqi de sifa duli" (On Judicial Independence During Northern Warlords Government Period) (2000, 10), *Nanjing shehui kexue* (Social Sciences in Nanjing), p. 39.

[28] See Taiwan, *The Flexible Judicial System of the Republic of China*, supra note 11, p. 28.

The Dali Yuan Regulations stipulated that if the President of the Dali Yuan found after trial that a judgment was not appropriate when reviewing the first draft of judgment or the trial procedure had not been in accordance with law, he or she was entitled to point the problem out immediately. And if necessary, the President of the Dali Yuan could ask for a report on specific cases (Articles 35, 36). [29] This kind of internal supervision within the court system may remind us of the reflections and criticism of the "Otsu Event" (1891)[30] that was later

[29] Dali Yuan, *Dali Yuan Regulations*, supra note 22, p. 80.

[30] Otsu Event: In May, 1891(Meiji 24), Nicholas II, the prince royal of tsarist Russia, passed through Japan when he went to Vladivostok to preside the ceremony for the opening of the construction of Siberian Railway. When Nicholas II arrived at Otsu, the southwest city in Shiga Prefecture, he was attacked by Tsuda Sanzo who served as a guard, his forehead being wounded by blade two times. Tsuda assassinated Nicholas because he thought that Nicholas actually intended to find out something about Japanese Military strength on this visit to assist in preparations for attacking Japan. Worried about the diplomatic relations with Russia, the Government of Japan forced the trial judges to apply the criminal rules about murdering royal family and sentenced Tsuda to death. But Kojima Iken, the president of the Japanese Supreme Court at that time, believed that strict implementation of a country's laws forms the correct basis governance. In addition the concept of "royal princes" in Japanese criminal law did not include those of foreign countries, hence the rules about common murdering should be applied. He went to Otsu in person and persuaded the trial judges of his vewpoint. As a result, the court sentenced Tsuda to life imprisonment for the common offence of attempted murder. After the sentence, Japan's Foreign Minister, Justice Minister and Home Secretary resigned in succession while Tsuda died of illness in prison later. Surprisingly, Russia, who took a hard line before trial, accepted the sentence. They said that Nicholas was not badly hurt, Japan apologised immediately, and Russia was very pleased with Japan's response. Eleven years later, the Japan-Russia War broke out; Nicholas II appeared on the historical stage as the last tsar.

Why Not American-Style Judicial Review?

expressed during "the Hiraga Letter Event" of 1969. [31] The Otsu

[31] Hiraga Letter Event: In 1969, the local residents in Naganuma of Hokkaido sued the Japan Government for violation of Article 9 of the Japanese Constitution, which forbids military power, because the Japanese Government had built a surface to air missile base in a protected forest area. The president of Sapporo Regional Court, Hiraga Kenta, wrote a letter to Fukushima Shigeo, the trial judge, expecting him to respect the Government's decision. However, Fukushima thought Hiraga's behaviour interfered with judicial independence, and published the letter in the press—which produced a huge reaction in Japanese society. Compelled by the pressure of public opinion, the Supreme Court warned Hiraga for causing national worries about the "justness" of the adjudication process and transferred him to the Tokyo High Court. Conservative judges criticised Fukushima publicly and said that he was the leader of a "Young Jurists Association". The next year, the Supreme Court criticised Fukushima for "joining a group with a political complexion" publicly, while Commission for Prosecution of Judges refused to prosecute Hiraga and withdrew the intended prosecution against Fukushima. The Hokkaido Court gave Fukushima a verbal warning, but four years later (1973), he declared the Japan's Self-Defense Forces unconstitutional in the above-mentioned case. The General Directorate for Affairs of the Supreme Court then transferred (demoted) him to the Tokyo Regional Court. After being transferred to the Fujii Family Court and having worked for 12 years there, he resigned as judge and became a lawyer.

Event[32] was a very symbolic incident in Japanese judicial history in which Kojima Iken, President of the Japanese Supreme Court, persuaded the trial judges in a case to resist interference from the government, and was highly praised for having protected judicial independence. However, it could not be denied that in so doing he himself interfered with the trial

---

[32] In the Otsu Event, Kojima persuaded the trial judges to resist interference from the Government. For this, Kojima was widely regarded as God for Protecting Law, and there was also the viewpoint that it was after Otsu Event that Japanese Courts established judicial independence. But an observer also pointed out critically that Kojima interfered with the trial judges' independence while he emphasised judicial independence. Miyazawa Toshiyoshi argued that "the legitimacy of interference from other people besides the judge depended on the content of judgment being interfered with", "if not, it was probably untenable for us to argue the legitimacy of Kojima's action in association with the principle of judicial independence." See Miyazawa Toshiyosh (1967) "The Significance of Otsu Event in Legal Philosophy" (62, 11), *Journal of the Law Association* in Miyazawa Toshiyoshi, *Constitution and Judgment*, Yuhikaku Publishing, 1967, p. 226. Ienaga Saburo expressed different views towards Miyazawa Toshiyoshi's point, sating: "All the interveners, no matter he or she is government or the judge from higher court, decide to interfere on basis of deep belief that their propositions are correct. Therefore the discussion of legitimacy of interference will turn to meaningless arguments that each side only expresses his own thought and the interference still can not be ruled out", "The interference with Fukushima's adjudication independence in 1969 by Hiraga, the president of Sapporo Court, was basically based on this logic". Ienaga Saburo believed that the reason why Kojima's persuasion pressure on the trial judge was legal lay in the fact that "the behavior's character of urgent danger prevention and therefore the illegality was eliminated". See Ienaga Saburo, " 'Judicial Independence in Otsu Event", in Kojima Iken and Ienaga Saburo eds, *The Interpretation of Otsu Event Booklog* (II), Heibonsha Publishing, 1971, pp. 264—265. He further stated that the Supreme Court continues to interfere with the adjudication of lower courts and the evaluation of Kojima's action, if it was not based on strict logic, would lead to the legalisation of interference from supervising organs, which is a serious worry. See Ienaga Saburo, *A Historical Review of the independence of judicial power*, Nippon Hyoronsha Publishing, 1967, pp. 68—69. In addition, Taoka Ryoichi argued that Kojima's interference was illegal according to The Law of Courts Organizations, Article 14. But one thing is worthy of notice, that was, his comments on Ienaga Saburo were based on the point of international politics. See Taoka Ryoichi, *A Review of the Otsu Event*, Yuhikaku Publishing, 1983, p. 162.

judges' independence. Hence the question of how best to evaluate the behaviour of Kojima Iken remains a matter for legal philosophy.

CONSTITUTIONAL DESIGN OF JUDICIAL POWER

The 1912 Constitution experienced twists and turns in the early period of Republic of China, and came to a conclusion in the Cao Kun Government era (1922—1924). This section will focus on the historical materials concerned with the establishment of the 1923 Constitution and study the ideas and knowledge of the framers of that time.

How Far Should Judicial Power Extend?

During the drafting work, the Congress put great emphasis on the question of whether the power to interpret the constitution and to decide administrative cases should fall within the scope of judicial authority. There was indeed a relatively detailed illustration of constitutional design for judicial power in *The Interpretation of Constitution*.

The power to interpret the Constitution

At the beginning ofthe moves towards constitutional reform and possible greater concern with "constitutionalism", "congressional centralism" dominated the field, and congress asserted its power to interpret constitution by means of implementing legislative power (similarly, in Japan scholars within the "school of constitutionalism" under the Meiji Constitution such as Minobe Tatsukichi also believed that "the constitution should be protected by the legislature"). In contrast, other arguments were also put forward advocating the superiority of administrative power, and proposing that the duties to protect the constitution should be entrusted to the state president (and in a spirit that we might characterize as akin to Schmitt's *The Guardian of the Constitution*). That the United States Supreme Court exercises broad powers of judicial review in specific cases was considered an exceptional case rather than a model to be followed. [33]

But in the early period of the Republic of China, there were also some scholars—such as Wang Chonghui—who advocated entrusting the power to interpret the Constitution to the courts. [34] However, the 1923 Constitution drafted by the Congress entrusted the power to a "Constitutional Conference" consisting of members of Congress (Articles 139, 140). Tang Yi, Chairman of Committee for Drafting the Constitution, explained the reasons as follows in *The Interpretation of Constitution*. [35]

Firstly, regarding the function of the power to interpret constitution, orders which conflicted with laws were certainly invalid and that laws which conflicted with the Constitution were also certainly invalid, but in the latter case "the reason must be proved" by means of constitutional interpretations.

Secondly, a survey of various constitutions of other countries exploring which organ enjoyed the power to interpret the constitution was in-

---

[33] Higuchi Yoichi, *Constitutional Law* Sobunsha Publishing, 1998, pp. 420—421. See also Vinx, Lars, *The Guardian of the Constitution:Hans Kelsen and Carl Schmitt on the limits of constitutional law*, Cambridge University Press, 2015.

[34] See Wang Chunghui, "*Zhonghua minguo xianfa chuyi*" (On the Constitution of the Republic of China), in Zhang Yaohui and Cen Dezhang eds, *Zhonghua minguo xianfa shiliao xiabian* (Historical Documents on the Constitution of the Republic of China [I]), Wenhai chubanshe, 1981.

[35] Wu, *The Constitutional History(I)*, supra note 15, pp. 75—76.

conclusive. Although Article 155 in Constitution of Republic of Chile, Article 170 in Turkish Constitution, and Article 76 in the Constitution of Commonwealth of Australia entrusted the power to interpret the constitution to their respective Congresses many countries did not have clear stipulations. It was also observed, however, that those which belonged to the Anglo-American common law tradition tended to entrust such power to courts while those that belonged to the Continental law tradition tended to deny courts such power.

Finally, regarding the process of drafting the constitution, the principle to be followed was that the power to interpret constitution should reside in the organs formulating the Constitution. Three reasons were provided for this. First, the constitution was wholly the work of the organ formulating it. Therefore, it should be the formulating organ who resolves conflicts with other laws after the Constitution had been established. If the views of other organs were incorporated into the interpretation process, the foundation of the Constitution might "suffer, waive and falter". It was therefore argued that it was better for the power to interpret the Constitution to reside in the organ that formulated it, rather than in the courts. Secondly, there was an important need to adhere to the original intentions of the framers. If the formulating organ and the interpreting organ were not the same then this need might not be met. Instead, interpretations would lack "real understanding" of these intentions, or be reduced to erroneous conclusions by use of "false analogy". In these ways, "the spirit of the Constitution" might be "damaged" Finally, it was observed that, " 'constituent' and legislative power are two kinds of power" and the "Constitutional Conference is a special constitution— formulating organ which while different from the Congress itself, is organized by representatives entrusted by the majority of the people. A court, however, consists of several judges appointed by the government." Accordingly, it was reasoned that if the court was authorized to interpret the Constitution, then the opinions of representatives delegated by the majority of the people would, as a consequence, be open to challenge by the views of a few judges. Such a state of affairs would be contrary to the established principles for formulating the constitution.

Theposition—strongly taken—was that a case about constitutionality of Yuan Shikai (President, 1912—1916)'s Restoration was thrown out by the Dali Yuan also showed that the ability of courts to handle interpretation issues regarding the Constitution was limited by courts' subservience to the government.

The power to decide administrative cases

As mentioned above, the Provisional Constitution entrusted the jurisdiction of administrative cases to the Pingzheng Yuan, which meant that the power to decide administrative cases was taken out of judicial power, while in contrast, the draft constitution by the Congress included that power into the authority of court. Yuan Shikai took this as a reason for his opposition to the Congress' 1913 "Temple of Heaven Constitutional Draft" (Tantian Xianfa Caoan) and other constitution-establishing activities.[36] So the stipulations of Pingzheng Yuan appeared in Yuan's New Constitution, differing from the draft constitution made by the Congress. The regulations about judicial power in the Temple of Heaven Constitutional Draft were continued after Yuan's death in 1916,

---

[36] Xie, *The Legislative History*(Ⅰ), supra note 10, p. 86.

however, resulting in the 1923 Constitution. Jiang Juqing, a Constitutional Draft Committee Member, after overviewing the administrative jurisdiction system of various countries at that time, explained that the principle of legal equality—people living in the same area should be governed by the same law—meant that it was inappropriate to introduce a separate system of administrative courts. [37]

More specifically, there were issues of, first, jurisdiction—in countries with an administrative court system, it was observed that courts could find themselves competing to hear a case, or refusing to hear a case, with another court: "So a superior organ situated above the two systems to resolve such jurisdictional conflicts has to be established, as in the cases of Germany and France." But these complicated formalities "might well cost the parties significant time and costs. If the administrative cases fall within the jurisdiction of ordinary courts, such disadvantages would likely not arise".

Secondly, there was the issue of trial levels: While there is a one level administrative court system in Japan, France and Germany have adopted a two-level administrative court system, and Prussia has adopted a three-level administrative court system. Considering the vast territory of China, a two-level administrative court system ought to be adopted at [the very] least. But it must also be kept in mind that if administrative courts are set up in provinces and special regions, annual salaries for judges and other expenditure ensue. This is truly superfluous and is not permitted by either theory or the practical situations of our period, with people poor and the country weak. That's why the Draft Committee dare

---

[37] Wu, *The Constitutional History(I)*, supra note 15, pp. 76—78.

not adopt the administrative court system already implemented in other countries even after a long, long consideration. [38]

Ideal of Judicial System

As noted above, the Constitutional draft prepared by Congress entrusted the power to decide administrative cases to court, which meant that civil cases, criminal cases and administrative cases all fell within the jurisdiction of courts. However, we cannot assert that the Constitution draft had explicitly accepted the ideas of the common law tradition. The principle of the "rule of law" might be said to have at its heart the idea that the court has independence from the political power of the legislature and the administration, and in that sense has the final say on what is the law. [39] Based on this principle, the idea that administrative cases differ from civil cases is not pertinent. This is very different from the Continental legal system which holds that administrative and civil cases differ in nature. Therefore, in Great Britain and the United States, the idea that the power to decide administrative cases is a matter for the judicial power of ordinary courts is taken as standard. [40]

The Constitution as drafted by the Congress in the early period of the Republic of China intended to include the power to decide administrative cases within the courts' judicial power, similar to the common law tradition. But the draft also required judicial activities to take law as criteria. This was broadly similar to the principle of deciding cases in accordance

---

[38] Ibid at 78.

[39] Tanaka Kazuo, *Introduction to Anglo-American Law*, Yuhikaku Publishing, 1967, p. 72.

[40] Urabe Noriho, *New Edition of Constitutional Law Classroom*, Nippon Hyoronsha, 2000, pp. 316—317.

with law under the provisions of the revised New Constitution, so that the situation which emerged was one of "rule by law" rather than "rule of law". In addition, the interpretation of constitution was seen as a function of the framers, and the judicial interpretation of the Constitution was characterized as an "invasion" of the territory of the framers. This standpoint neglected the judicial function of making law, which was an essential ingredient in the judicial process, reflecting the idea that takes the judicial process as execution of law. This idea of "administration-style judicial process"[41] is clearly inconsistent with the ideas of "rule of law" in common law tradition.

THE POSSIBILITIES OF JUDICIAL REVIEW

The Problems of the Judicial System behind the Constitutional Interpretation System

We can see the understanding and attitude of the constitutional framers in Congress towards a constitution interpretation system in the 1923 Constitution, and their awareness of the idea that constitutional interpretation consisted not only of the interpretation of words but also should have the function of "reviewing" law based on public opinion. Three reasons for denying courts the judicial authority to interpret the constitution were offered. First, interpreting the constitution was the function of the

---

[41] Ashibe Nobuyoshi had discussed the status of judicial power between the 18th and 19th centuries in Europe. He stated that the implementation of judicial power at that time was purely application of law while judicial systems that restricts other powers were excluded, and briefly named this feature "administration-style". See Ashibe Nobuyoshi, *Human Rights and Judicial Review*, Yuhikaku Publishing, 1994, pp. 5—7.

framers of that constitution, and should not be carried out by judicial organs. Secondly, as long as the power to interpret the constitution resided in the framers, the consistency between interpretation and the constitution's original text was ensured. If courts intervened, then this guarantee was lost. Thirdly, judicial interpretation of the constitution lacked the foundation of public opinion and support. Of the three, the last point is the Achilles' heel of a judicial review system, founded as it is on unelected courts. Due to a perceived tension between judicial review and the democracy, disputes over the legitimacy of judicial review may, it was feared, become common. The third reason was seen as more persuasive. The first and second reasons did not allow organs other than the body of framers of the constitution to exercise the power to interpret the constitution. It also, however, said nothing about the unified power to interpret law performed by Dali Yuan in the then current system, which also played a role in making law.

In addition, *The Interpretation of Constitution* noted the court's inadequate function in a case of interpreting the Constitution, and pointed out that judicial power at that time still lacked independence from government. However, as far as the case mentioned above is concerned, the problem of whether a system of imperial rule should be restored was a political problem, and inappropriate for the Supreme Court to take a position on. On the other hand, the Congress did not wish to create possibilities for the exertion of the function of judicial review by means of reinforcing the independence of judges. Instead, it saw the prevention of despotism as its duty, and in the interests of limiting governmental power, forbade judicial "invasion" into the region of constitutional interpretation.

Why Not American-Style Judicial Review?

This understanding of constitutional interpretation is inseparable from the historical context of the early period of the Republic of China. Especially during the drafting of the Constitution, there were intense collisions between arguments such as whether to adopt a presidential system or a cabinet system, and whether centralized authority or local autonomy was better. Lurking just below the surface was the struggle between democracy and dictatorship, a legacy of the constitutional movement in the late Qing—that Yuan Shikai dismissed the Congress, interrupted the drafting of the Constitution, and restored imperialization were extreme manifestations of these problems. These developments came as a great shock to the members of the Congress, and Tang Yi, the chairman of the Constitution Drafting Committee, recalled:

The argument aboutthe constitution began in the first year of the Republic of China and was very heated on the day the draft came out in the second year of the Republic [1913]. *The opponents [of Constitutionalism] went so far that they did not hesitate to overthrow the Congress to gain their ends…The opponents said that a Constitution could make a nation…either strong or weak and conquered. Their essential point was that centralizing power into the hands of one person made a nation strong, while separating powers to different organs made a nation weak and adoption of parliamentary system ruined a nation.*

On this, Tang Yi further pointed that the spirit of the constitution was the same as the purpose of revolution, "first, to prevent autocracy, and second, strive for the political freedom". In his view, there are two kinds of autocracy namely, "personal autocracy" and "institutional autocracy". Personal autocracy is not something that can be prevented by mere legislation, so the notion of making law against one person is to be absolutely rejected by the Constitution. [42] In the framers' eyes, a constitution adopting the principle of separation of the three powers was a modern ideal, and supportive of the authority of parliament. But they neglected the possibilities that a parliamentary body such as a congress might be dictatorial. Nevertheless, in that era of unrest, there was significant chaos and flux, so how could the courts, "which had no financial and military power", resist the warlord regime just by interpreting the constitution? Therefore, for the Congress to keep the power to interpret Constitution in its own hands was an essential choice, especially given the lack of judicial independence.

Legal Characteristic of Constitutional Interpretation by the Dali Yuan

As discussedabove, the unified law interpretation system was not one inherent in the judicial process but in essence a decision about what was the law, divorced from the judicial process of handling a specific case. So it was not a form of case law, as found in common law systems. The Dali Yuan was, rather, providing advisory opinions.

It is worth noting that there were forms of interpretation for constitutional documents in the judicial interpretation precedents and applications of the Constitution in cases decided by the Dali Yuan. These could be seen as constitution interpretations. Thus, in replying to the telegram request from Hubei High Court, Interpretation 7 (March 10, 1913) the Dali Yuan replied: "the current civil litigation process shall apply to

---

[42] Wu, *The Constitutional History(I)*, supra note 15, pp. 69—70.

such electoral law suits and it should be heard by the civil chamber. "[43] Similarly, the response to a request from Jiangxi High Court, Interpretation 779 (May 9, 1918) stated: "according to the freedom of religious belief clause in Constitution, the husband may not stop the wife believing in some religion of her own choice."[44] Case 46 (1914) said that: "according to Article 10 of the Constitution of Republic of China, administrative litigation may not be heard by ordinary courts."[45] In Case 176 (1915), meanwhile, Article 8 in the New Constitution was applied according to the Constitution and the Law of the Administrative Appellate Court (Pingzheng Yuan) organizations, ordinary courts can only hear civil and criminal cases. Administrative litigation and petitions should be submitted to higher administrative officers and the Administrative Appellate Court (Pingzheng Yuan), and may not be heard in ordinary courts.[46]

To give a final example, Case 1308 (1918) said that: The Constitution claims that the people have freedom to believe in religion or not. Thinking deeply about this clause, people—regardless of gender, no matter whether of full capacity or not, are free to believe in religion with no restrictions imposed. A woman's civil conduct is confined by the authority of the husband, but her religious belief may not be restricted by that authority.[47]

The constitutional interpretations noted above shared the same aspect

---

[43] Guo Wei, *Dali yuan jieshi li quanwen* (Complete Text of Interpretation Precedent by Dali Yuan), Chengwen chubanshe, 1972, p. 3.
[44] Ibid at 429.
[45] Ibid at 1.
[46] Ibid at 2.
[47] Ibid at 1.

in that they did not review the constitutionality of law according to constitutional norms in order to "defend" the constitution, but rather merely invoked constitutional norms or made supplementary interpretations. The Dali Yuan on the whole took a rather negative attitude towards constitutional review.

As judicial interpretation fromthe Dali Yuan was not a judicial function in nature, it should not be characterized as a "judicial interpretation of constitution". Such interpretations, whether they operated to protect human rights or supplement so-called loopholes in the constitution, were all sources of law that the Dali Yuan provided to judges directly, and thereby replaced the independent judicial function of the judges in lower courts. This was also a reflection of the idea of "administration-style" judicial system.

CONCLUSION

A constitution becomes the criterion for decision-making in trials only when it is interpreted concretely and clearly. Therefore, it is the organ holding the power to interpret the constitution who safeguards the constitution. In the Northern Warlords Government era (1912—1928), there were some scholars who claimed that the power to interpret the constitution should be entrusted to courts, expecting the courts to be the constitution's defenders. But this Hamilton-style understanding of the judicial role did not gain sufficient support from the framers and judges during that period.

The Congress in the early Republic of China experienced turbulence in the restless stratocracy of that time and was unable to function properly. The situation in which the logic of democracy conflicted with the reality of the warlord regime reinforced the framers' eagerness and longing for parliamentary democracy. In their eyes, the threat to constitutional government mainly came from the administrative forces, which were under the control and authority of the warlords. The way to protect private rights and restrict public power was perceived to be through congress issued legislation and the impartial judgement of the courts, rather than by a functional system of checks and balances between legislative, judicial and administrative power. Therefore the power to interpret constitution must be kept in the hands of the supreme organ, the Congress. This is to some extent reminiscent of the British idea of parliamentary sovereignty. In the famous Dr Bonham's case (1610), Sir Edward Coke, the court's Chief Justice declared an Act of Parliament "against common right and reason" to be void, and ruled that "in many cases, the common law will control Acts of Parliament, and sometimes adjudge them to be utterly void".[48] After the Glorious Revolution, however, Britain established the principle of parliamentary sovereignty, by which the Court must comply with statute law and the review of legislation could only be carried out by Upper House, hence Coke's idea was not put into practice. However, the essence of his idea spread across the Atlantic and influenced the evolving common law system there. It bore fruit in the growth of an American-style judicial review and a system of checks and balances.

In the judicial area during the Northern Warlords Government era, the idea of independence of the courts had only just taken off. The weaknesses in the independence of judicial organs deepened distrust in the a-

---

[48] Stoner, JR, *Common Law and Liberal Theory: Coke, Hobbes, and the Origins of American Constitutionalism*, Peking University Press, 2005, pp. 81—82.

bility of the courts to deliver justice and fostered resistance to the idea of judicial interpretation of the Constitution. That is another reason why the framers denied the courts powers to interpret the Constitution. Legislative control over judges by means of laws, judicial interpretations and case law summaries, thereby gained legitimacy and led to a formation of ideal of continental judicial system in which judges were positioned as law executors, required to decide cases according to law. Judicial and administrative organs both performed the same role in enforcing laws, but the question of whether the law met the requirements of justice and constitutionality was taken out of the courts and their judicial decision-making. Under the restrictions of this ideal of a continental-style judicial system, the judges seemed like dancers in irons when deciding cases according to law, even though they were occupying the seats for judges in the courtroom.

It is worth noting that the judicial interpretation system, as it appeared on the historical stage in the late Qing Dynasty and the early years of the Republic of China under the Dali Yuan system, has continued right up until the present day and has become a unique feature of Chinese judicial system. Occasionally, we can find single words citing constitutional documents in the case law precedents and judicial interpretation precedents, but the courts do not review the constitutionality of legislation. It is fair to say the judicial organ of the early Republic not equipped with the subjective and objective conditions for questioning parliamentary legislation and safeguarding constitutional order, whether from the viewpoint of the judges' position or the actual function of judicial interpretation system. In such a context, Hamilton's ideal of judicial interpretation of the constitution could only resonate with the ideas of a few elite scholars.

GLOSSARY OF CHINESE TERMS

Hanyu Pinyin	Chinese Characters	English Translation
Beiyang Zhengfu	北洋政府	Northern Warlords Government
Dali Si	大理寺	Chamber of Revision
Dali Yuan	大理院	Dali Yuan (provisional Supreme Court)
Fabu	法部	Legal Department
faling tongyi jieshi quan	法令统一解释权	unified power for legal interpretation
gongshu	公署	government office
guanzhi gaige	官制改革	reform of civil service system
Guohui	国会	Congress
Pingzheng Yuan	平政院	Pingzheng Yuan (Administrative Appellate Court)
shenpan ting	审判厅	courts
siji sanshen zhi	四级三审制	four-instance and three-level system
Tiantan Xianfa Cao'an	天坛宪法草案	Draft Constitution of the Temple of Heaven
xian zhishi	县知事	county magistrate
Xianfa Huiyi	宪法会议	Constitutional Convention

续表

Hanyu Pinyin	Chinese Characters	English Translation
Xingbu	刑部	Board of Punishments
xingzheng caipan suo	行政裁判所	administrative courts
Yubei Lixian	预备立宪	Preparatory Constitutionalism

司法権観念の中国的特質
——中華民国創立期の司法審査制論争を手懸りに——[1]

一　はじめに

　日本法の近代化は明治期以降のいわゆる西欧の法思想や法制度の継受によって始まり、当時、中国にも大きな影響を与え、日中とも、「六法」という近代的な法典を作るという道を選び、大陸型の司法制度を導入した。ただ、今日でも、中国の法学者や法律学専攻学生の中で、成文法という点から、相変わらず日本法を大陸法系と誤解する傾向が強い。その原因は、江橋崇先生の下記の御指摘からも分かる。「周知のように戦前のわが国では、違憲審査制は制度として認められていなかったのであるから、そのような時代の『司法権』と、最高裁の考える戦後期のそれとの間には大きな質的な変化があるはずである。しかし、戦後の憲法学は、司法権の変化について語る際には、『大陸型から英米型』へとの表題の下に、主としては行政裁判権の帰属を論じるのが普通であって、司法権の行使と違憲審査制の関係については、必ず

---

〔1〕　牟憲魁「司法権観念の中国的特質——中華民国創立期の司法審査制論争を手懸かりに」法政大学『法学志林』121巻2号(2023年)第135—156頁。

しも十分に歴史的な検討を加えては来ていない」〔1〕。要するに、戦後、日本ではアメリカ型司法審査制が導入され、通常裁判官が違憲審査権を行使できるようになり、それによって司法権は大陸型から英米型へと向かうのである。

中国では、90年代以降、裁判官による違憲審査権行使、「憲法の司法化」など、司法審査制の提唱は一時的に再燃したが、憲法裁判所、憲法委員会などの特別機関の設置の必要性を唱える者も多い。憲法学の研究状況も、江橋先生の御指摘と同じように、「司法権の行使と違憲審査制の関係については、必ずしも十分に歴史的な検討を加えては来ていない」。その中で、日本法を相変わらず大陸法系とみるのも当然の成り行きであろう。

本稿は、中国法の近代化の始まりに遡り、明治期の日本からの影響を含め、辛亥革命後の中華民国創立期における司法審査制論争を検討することを通じて、司法権行使の在り方、司法権と立法権の関係などの司法権観念の中国的特質やその今日的影響を考えることを目的とする。

二　王寵恵の「司法による憲法解釈」論

(一)「司法による憲法解釈」の論拠

アメリカの司法審査制を詳細に中国に紹介し、中華民国創立期の憲法起草作業にも一石を投じたのは、中華民国初期の司法、外交官僚王寵恵である。彼はイギリス統治下の香港の出身であり、日本に一年間留学してから、米国イェール大学で法学博士号を取

---

〔1〕江橋崇「司法権理論の日本的特質——戦前期の違憲審査制理論を手懸りに」公法研究46号（1984年）79頁。

った。帰国した直後、辛亥革命や中華民国の創立にかかわり、孫文の臨時大統領政府の外務大臣（中国語：「外交総長」）を務めた。間もなく、袁世凱が臨時大統領を引き継ぎ、王寵恵は唐紹儀内閣の法務大臣（中国語：「司法総長」）となった。1912年6月の内閣総辞職に伴い、王寵恵は一時的に官僚の場から離れたが、当時、国会による憲法起草作業が始まり、それに対する提言として1913年に「中華民国憲法芻議」（上編）を国民党の機関誌『国民』に掲載し、同年に憲法私案（下編）とともにまとめて著書として出版した〔1〕。同書は「中華民国憲法を体系的に討論する初めての著作だ」と後世に評価されている〔2〕。

　本書の中で、王寵恵は裁判所が憲法を解釈できるか否かについて、当時の諸国の二つの立場を次のように紹介した。ヨーロッパ大陸法派は、「法律が憲法に抵触するか否かの問題について、裁判所は解釈の権限をもたないという」。その理由は、「立法にあたり、立法機関がすでに憲法を充分に解釈し、憲法に抵触する法律であれば、立法機関は決してこれを可決しない。言い換えれば、立法機関により可決し正式に公布された法律は、決して憲法に抵触することはない」。それに対し、アメリカ派は、「法律が憲法に抵触するか否かの問題について、裁判所が解釈の権限をもつという」。その理由は、「自ら制定した法律が憲法に抵触するかどうかを立法機関が自分で判断するのは適切ではなく」、「議員が数年ごとに変わるから、憲法について統一的な解釈ができない恐れがあり」、「法律が可決し公布された後、憲法に違反するにもかかわらず裁判所がこれを判決する権限をもたなければ、補

---

〔1〕　王寵恵『中華民国憲法芻議』上海南華書局1913年。
〔2〕　張仁善「近世中国法壇『第一人』——王寵恵」王寵恵著、張仁善編『王寵恵法学文集』法律出版社2008年2頁。

う余地がなくなる恐れがある」[1]。

その上で、王寵恵は司法審査制の憲法保障機能から、司法による憲法解釈の必要性を唱えた。「裁判所に憲法を解釈する権限がなければ、法律が憲法に抵触するとき、(憲法を)監督保護する者がいなくなって、よって憲法の効力が続かなくなることは、決して憲法を保障する道ではない……我が国はアメリカ派に学び、憲法を解釈する権限を裁判所に委ね、しかも明文でこれを憲法に規定し、以って憲法の保障を為す」[2]。

ここで、裁判所に憲法解釈権を容認する論拠は、法律が憲法に抵触する可能性もあり、立法者が自己監督できないという議会への不信に帰結されている。ちなみに、明治憲法の下で展開された、裁判官の法律審査権をめぐる論議のなかに、上杉慎吉を代表者として、アメリカの司法審査制について国会が政党に偏らない正しい立法をなすものであるとの信頼は人民の間で強くないことを指摘し、「故ニ近来政黨ノ弊甚シキニ至レルト共ニ、裁判官ノ法律審査權ハ、最モ貴重ナル憲法ノ保障ナリトセラルルニ至レリ」とする見解もあり[3]、王寵恵と同じような問題意識を示しているといえよう。

(二) 司法審査制の仕組み

しかし、アメリカでも、従来、司法審査の民主主義的正当性をめぐる論争がある。司法による憲法解釈についての懸念を払拭す

---

[1] 王寵恵「中華民国憲法芻議」国民1巻1号（1913年）11頁。王寵恵『中華民国憲法芻議』上海南華書局1913年22—23頁。

[2] 前掲王寵恵論文「中華民国憲法芻議」11頁。前掲王寵恵著書『中華民国憲法芻議』23頁。

[3] 上杉慎吉『新稿憲法述義』有斐閣大正13年606頁。

司法権観念の中国的特質

るために、王寵恵は司法審査制の仕組みを説明した。

　まず、事件性の要件について、「裁判所による憲法の解釈は事実に基づくものであり、理由なく解釈を行うわけではない。そもそも事件にあたり憲法との衝突があるか否かをめぐる争いがあったことで、裁判所はやむを得ず職権を行使し、以って法律が有効か無効かを判決する。これは（議会による）取消（廃止：筆者注）と異なるところである」[1]。すなわち、裁判所による憲法解釈は司法権の行使として受動的かつ付随的なものであり、立法権を侵害する懸念は不要である。

　そして、違憲判決の効力について、裁判所による法律無効の判決と議会による法律廃止を比較した。「（法律を）取り消す（廃止する：筆者注）権限は、立法機関のみにある。それ故、命令が法律または憲法に違反する場合、国会は政府を責めて、これを取り消す権限を有する。法律が憲法に抵触する場合、議会はその法律を議決で廃止する権限を有し、これは取消の権限である。仮に解釈権であれば、これと異なっている。法律命令の意味が確かに憲法に抵触する場合、裁判所は係属中の事件についてその法律命令を無効と判決し、その施行（適用：筆者注）を拒絶するに過ぎない。その法律命令は相変わらず存在する」[2]。

　残念ながら、同書の時点で憲法裁判所は存在していなかったが故に、ここで、比較憲法から司法審査制の仕組みを対照的に説明することはできなかった。上記の説明、とりわけ違憲判決の効力についての説明も、法律適用の「拒絶」のほかに、「無効」

---

[1]　前掲王寵恵論文「中華民国憲法芻議」11頁。前掲王寵恵著書『中華民国憲法芻議』24頁。

[2]　前掲王寵恵論文「中華民国憲法芻議」11頁。前掲王寵恵著書『中華民国憲法芻議』24頁。

という刺激的な表現を使ったので、当時の人たちに十分理解されないか、書かれた言葉を鵜呑みにするのに慣れた人たちに無視されやすいものであった。その結果、王寵恵の「司法による憲法解釈」論は当時の憲法論議の中で注目を集め、これに同調する憲法私案もあったが〔1〕、後述するように、国会議員による憲法草案の起草や審議の過程において支配的ではなかった。

三　「司法による憲法解釈」論の問題点

(一)「司法による憲法解釈」の表現方法

アメリカ憲法は硬性憲法として憲法改正の条件が厳しい一方、憲法条文の意味は裁判官によって解釈される〔2〕。その理由を考えると、1つは権力抑制均衡の原理から、法律違憲問題の監督者の欠如を防ぐことにあるが、もう一つは、裁判官が法律の違憲無効の判決を下したとしても、その判決の効力は当該具体的事件に及ぼすに過ぎず、法律自体の無効を齎すわけではないということにある。裁判官の違憲判決は先例としての拘束力をもつが、国会は憲法改正権や立法権を行使できる以上、事実上、憲法の最終的

---

〔1〕　例えば、「彭世躬擬民国憲法草案」憲法新聞21号（1913年）14頁。

〔2〕　当時、ヒューズ最高裁判事（後には1930年～1941年の間、最高裁長官）はこのような名言を残した。「我々は憲法の下にあるが、憲法は裁判官が言明するところのものである」（Charles Evans Hughes: "We are under a Constitution, but the Constitution is what the judges say it is." Charles Evans Hughes, Addresses and papers of Charles Evans Hughes, governor of New York, 1906—1908, with an introduction by Jacob Gould Schurman, New York: G. P. Putnam's Sons, 1908, p. 139.）。コモン・ロー理論によると、法とは裁判官によって作られるものではない。裁判官の仕事は、法とは何であるかについての個人的意見とは別個に「真の法」を発見し、そして宣言することであるべきである青柳幸一「憲法判決における『主論』」筑波ロー・ジャーナル1号（2007年）1頁。

解釈権をもっており、裁判所の憲法解釈権が憲法の原意から離れるとか国会の立法権の上に立つとかの懸念は、実際には不要であろう。

そのため、司法審査と民主主義の緊張関係を払拭するように、王寵恵は司法府の具体的憲法解釈権と立法府の抽象的憲法解釈権との違いを繰り返して強調した。「立法機関が立法にあたり相変わらず抽象的解釈を行えることと、裁判所が事件が起きてからはじめて具体的解釈を行えることは、並行的で齟齬がない。それによって、立法（府）にとっては権力を失う恐れはなく、司法（府）にとっては是正する可能性がある。それは良いことではなかろうか」[1]。

アメリカのような司法審査制について、裁判所が法律を「無効」と宣告するという論じ方は、当時のほかの書物にも見られる[2]。しかも、20年代、30年代の学説上も、このような表現

---

[1] 前掲王寵恵論文「中華民国憲法芻議」11頁。前掲王寵恵著書『中華民国憲法芻議』24頁。

[2] 例えば、高田早苗の日本語訳から中国語に翻訳されたアメリカ人バルジェス（J. W. Burgess）の『政治学及比較憲法論』は「合衆国はこのような権力（立法府の法律を無効と宣告する権力）を上等裁判所に付与した」と指摘した（巴路捷斯著、高田早苗訳、劉瑩澤、朱学曽、董栄光再訳『政治学及比較憲法論』上海商務印書館1907年442頁。ジオン・ダブリュ・バルジェス著、高田早苗、吉田巳之助訳『政治学及比較憲法論 下巻』東京専門学校出版部明治34、35年498頁）。袁世凱大統領の司法顧問、イギリス人ピゴット（Francis Taylor Piggott）も、「アメリカ憲法の起草者が……気になるのは、違憲の法律をなんとか取り消し（廃止し：筆者注）てこれを無効させることである。その結果、全国の裁判官を違憲の法律を取り消す（廃止する：筆者注）ことを自任させた。それ故、法廷が執行した法律は、憲法に合致するものである。裁判官によって法律の保障を為すのは、唯一の善制である」と指摘した「畢葛徳擬中華民国憲法草案」憲法新聞10号（1913年）9頁。

は続いていた〔1〕。そもそも王寵恵の論説を詳しく読まないと、裁判所による法律無効決定と議会による法律廃止との間に何の根本的な違いがあるかを見出すのは困難であり、結局、単なる決定者の違いと誤解されるほかない。

　他方、中華民国創立の当時には、大統領制や議院内閣制の選択についても激しい対立があり、議会制民主主義の実験が幕を開きつつあるなかで、立法権への不信を唱える反議会主義的な司法審査制が、権力の分立、抑制・均衡の原理に馴染めず、民主主義を議会至上主義と同一視する当時の人たちから理解を得るのは、とうてい容易ではなかった。このような傾向は、30年代の学説にも見られる。例えば、程樹徳（法政大学法政速成科卒業）は1931年の著書『比較憲法』のなかで、裁判所による法律「無効」宣告という言い方をしながらアメリカのような司法審査制の危険性を指摘した。「憲法の条文が常に改正ではなく、単に解釈によって変更される。詳しくは、下記の三種がある。（一）議会の解釈による変更（二）政府の解釈による変更。（三）裁判所の解釈による変更……それを防止する方法を探るものがあり、すなわ

---

　〔1〕　例えば、羅鼎（東京帝国大学法科大学経済学科卒業）は「米国憲政における司法権の優越」と題する連載論文の冒頭で、「憲法違反の法律は有効でありうるか」、「裁判所は憲法違反を理由として国会の法律を適用しないことができるか」という問題意識を示した上で、「一つは違憲の法律が相変わらず法律の効力を有するが、もう一つは違憲の法律を無効とみなす。一つは裁判官が法律を違憲とするとしても、裁判上なおそれを具体的事件に適用しなければならない。もう一つは裁判官が違憲法律の適用を拒絶する権能をもち、しかもその適用を拒絶する職責を負う。前者を欧州主義と称するならば、後者は米国主義と名付けてもよい」と論じた（羅鼎「米国憲政上司法権之優越」法律評論62号（北京1924年）9頁）。張慰慈（アメリカ留学経験者）は、「アメリカの法廷の地位はとても高く、憲法条文の意味を解釈する権限をもつほか、憲法条文に齟齬する法律を無効と宣告することができる」と指摘した（張慰慈『憲法』上海商務印書館1933年41頁）。

ち、一種の機関を設けて法律違憲の有無を決定させる。仮に不当な解釈が行われたら、その解釈を無効と宣言することができる。この制度を実施しているのが、実はアメリカである。アメリカは法律違憲の有無を審査する権限を裁判所に付与したが、裁判官の審査は常に政党の政論に左右され、主観的（自主的：筆者注）判断を行えない。しかも裁判官は司法上の知識のみをもち、政治上の知識は常に足りない。それを最高解釈機関とするのはとても危険である」[1]。

ちなみに、現在、中国の司法審査制論者は誤解を避けるように、裁判官の違憲審査権について、一般には裁判官の「法律拒絶権」もしくは「法律選択権」という表現を使っている。

(二)「司法による憲法解釈」論とその明文化との間の距離

実際、王寵恵の「司法による憲法解釈」論と、同書の下編として添付された憲法私案のように「裁判所がこの憲法を解釈する職権を有する」（78条）[2] との主張を憲法に明文化することとの間には、微妙な違いがある。

王寵恵の理解によれば、裁判官の憲法解釈は、個別の事件から離れて行う抽象的解釈ではなく、個別の事件の審理に付随して行う具体的解釈である。しかし問題は、裁判所に限らずあらゆる機関の憲法解釈権が、ひとたび彼の主張したように「明文でこれを憲法に規定する」となれば、憲法の有権的解釈者が抽象的憲法解釈権を独占する集中的違憲審査制へと変容する可能性があり、必ずしもその想定するように、具体的解釈のみ行うようにならない。この点は、1947年中華民国憲法に規定された司法院大

---

[1] 程樹徳『比較憲法』上海華通書局1931年48頁。
[2] 前掲王寵恵著書『中華民国憲法芻議』40頁。

法官の憲法解釈権も、1947年日本国憲法に規定された最高裁判所の違憲立法審査権も、それが具体的審査権か抽象的審査権かをめぐって学説上の論争があって、常に違憲審査制改革論の原点として取り上げられることからも分かるだろう。

そのため、王寵恵の『憲法芻議』が刊行されてから、長い間、憲法に定められた「法律が憲法に抵触するとき、無効である」という問題を、裁判所によって判断し無効宣言を行うという理解が、「司法による憲法解釈」論に対する当時の人たちの基本的な捉え方となり、違憲判決の効力の問題も、あまり関心をもって言及されたことはなかった。

四　「司法による憲法解釈」論に対する制憲者の拒絶

(一) 天壇憲草の起草過程

1911年10月の辛亥革命をきっかけに、翌年の元旦に孫文が臨時大統領に就任し、中華民国の成立を宣言した。その後、袁世凱のあっせんにより清王朝の皇帝が退位し、孫文も南北議和の約束に従って臨時大統領の職を袁世凱に譲り、臨時大統領を辞任した。その直前に、「中華民國臨時政府組織大綱」（各省都督府代表連合会1911年12月3日可決）の代わりに、「中華民國臨時約法」（1912年3月8日臨時参議院可決）が採択され、大統領制を議院内閣制に変えた。臨時約法により、「中華民国の憲法は、国会が制定」し、「憲法が施行されるまでは、本約法の効力は憲法と同等である」（54条）[1]とされた。その後、袁世凱が臨時参議院により臨時大統領に選任され、同盟会などの革命派から再編された国民党も、同年秋の衆参両院の選挙で第一政党の優位を獲得したが、1913年3月に国民党の理事長代行宋教仁（法政大学法政速成科留学生）が内閣総理として北京に赴任する前に暗殺され、孫文が反袁の革命を引き起こした。同年10月31日に、国会の憲法起草委員会は天壇で起草した「中華民国憲法案」（天壇憲草ともいう）を憲法制定機関である憲法会議（衆参両院議員全体）に提出したが、11月3日に国民党が解散され、翌1914年1月10日に衆参両院議員の職務は政府の命令により停止された。

憲法起草委員会では第16回会議（1913年9月9日）において、憲法解釈権の帰属について論争があった。その場で、王寵恵の『憲法芻議』について対立する両サイドから言及された。

裁判所の憲法解釈権を主張するのが、清末の法制改革に大いに貢献した汪栄宝（早稲田大学留学生）である。「憲法は衆参両院によって作られるので、違憲な法律の不適用の問題が起こった場合にも、憲法と法律を作った議会が自らの矛盾を認めるはずはない。このため、議会の解釈は公平を得られない恐れがある。さらに議会の構成員は数年ごとに変更し、党派の盛衰も随時変わるから、憲法の解釈も変更されてしまう……このような現象は必ず国家の根本を動揺させることになる。それ故、私の主張は王寵恵の意見と同様であり、理由も王寵恵の著した『憲法芻議』の中に

―――――――――――

[1] 夏新華、胡旭晟、劉鄂、甘正気、万利容、劉姍姍編集『近代中国憲政歴程——史料荟萃』中国政法大学出版社2004年159頁。ちなみに、国会の法的性格について、張東蓀（東京帝国大学留学生）は1913年の論文において、国会は立法機関であり、憲法制定が国会の権限とはならないと指摘した張東蓀『国会性質之疑問』庸言1巻6号（1913年）1—16頁。

すでに説明され、贅言を要しない。憲法を保障するために、憲法解釈権が立法機関ではなく、裁判所に属すべきであると思う」[1]。

それに対し、憲法解釈権が憲法会議に属すべきだと主張する張耀曽（法政大学法政速成科留学生）は、王寵恵の『憲法芻議』について別の捉え方を示した。「王寵恵が言う、憲法解釈権が最高裁判所に属すという説は、憲法の解釈についての話であり、憲法解釈の機関についての話ではない。王寵恵の所説は、実際には裁判所の法律審査権の有無という問題に含まれているのであって、憲法解釈（権）がどの機関に属すかという問題とは、別々に論じるべきである」[2]。

その場で、三権分立の立場から裁判所、国会、行政機関が共に憲法解釈権を有すると主張する説（汪彭年）や、衆議院から5名、参議院から5名、裁判所から4名、大統領から5名の推薦により構成された参事会という特別機関が憲法解釈を行うと主張する説（何雯、法政大学法政速成科卒業）も出されたが、起立採決の結果、憲法会議説が多数となった[3]。その後、天壇憲草は憲法解釈権の帰属について、「憲法について疑義があるとき、憲法会議はこれを解釈」し（112条）、「憲法会議は国会議員がこれを組織する。前項の会議は、全員の三分の二以上の出席がなければ開会できず、出席者の四分の三以上の同意がなければ議決でき

---

[1] 憲法起草委員会十六回会議（1913年9月9日）『憲法起草委員会会議録』第二冊（1913年10月）18—19頁。

[2] 憲法起草委員会十六回会議（1913年9月9日）『憲法起草委員会会議録』第二冊（1913年10月）22頁。

[3] 憲法起草委員会十六回会議（1913年9月9日）『憲法起草委員会会議録』第二冊（1913年10月）22—24頁。

ない」（113 条）と規定した[1]。

(二) 天壇憲草の審議過程

　袁世凱が帝政回復の失敗に伴い1916 年 6 月 6 日に病死した後、国会の再開に伴い、憲法会議は憲法草案の審議を始めた。 1916 年 9 月 5 日の会議において、憲法起草委員長湯漪（湯化龍、法政大学法政速成科卒業）は天壇憲草の趣旨を説明する中で、憲法解釈権を憲法制定機関に留保させ、司法による憲法解釈を拒絶する理由を三つ挙げた。第一に、「憲法制定は 『造法機関』 （憲法制定機関：筆者注）の作用であり、憲法は制定された後、諸法との衝突はもちろん 『造法機関』 によって解決しなければならない。それ以外の機関による侵入を放任すれば、憲法の根本を動揺させる恐れがある」 ことである。第二に、憲法の解釈は憲法制定機関とは別の機関で行われるならば、「立法者の本意と食い違う恐れがないわけでない」 ことである。第三に、「憲法会議は国会と異なり、特設した 『造法機関』 であることには疑いがない。憲法会議の構成員は大多数の人民が委託する代表者である。裁判所は政府の委任する少数の裁判官によって構成したものであって、憲法解釈権をもつならば、少数の裁判官の意思によって大多数の人民代表の意思を審査することになり、制憲の原則に背反するに他ならない」 ことである[2]。

　上記の指摘は、民主主義との緊張関係における司法審査の正当化問題に関して従来論争があるので、一定の説得力があるとはい

---

　[1]　「中華民国憲法案」112 条、113 条『憲法会議公報』第一冊 1916 年 18 頁。
　[2]　憲法会議速記記録第十一号（1916 年 9 月 5 日）『憲法会議公報』第一冊 1916 年 36―37 頁、憲法案総説明書　総説明書一（起草委員長湯漪提出）『憲法会議公報』第一冊 1916 年 65―66 頁。

えるが、湯漪による天壇憲草の以下の趣旨説明を続けて読めば、その狙いは違憲立法審査よりも、むしろ憲法争議の解決にあることがよりわかるだろう。「かつて国体（国家の形態：筆者注）が問題となった際に、論者によっては、臨時約法上国体変更の禁止規定がない以上、国体を変更するのが違憲であるかどうかは、大理院（当時の最高裁判所：筆者注）が判断すべきだとされたことがあるが、後に、大理院に公訴を提起した事例では、大理院はこれに対応しなかった。法院（裁判所：筆者注）は政府によって支配される以上、憲法解釈権を付与されてもこれを行使できないであろう。（法院がそれにより）憲法を擁護できるかは、言うまでもないであろう。わが国が最近経験した事実からも裏付けられるように、憲法解釈権が憲法制定機関に属すべきであることには疑問の余地がない」[1]。

しかしながら、憲法会議による天壇憲草の審議過程において、「司法による憲法解釈」論は再び登場した。曹玉徳は、天壇憲草112条の、「憲法について疑義があるとき、憲法会議はこれを解釈する」という表現を、「憲法について疑義があるとき、大理院がこれを解釈する」と変更する修正動議を提案した。その理由として、憲法も法律であり、裁判所がこれを解釈できること、憲法会議の構成員が変化しやすく、憲法の原意に通じていない可能性もあること、国会議員が閉会中、国土の広さや交通の不便のために迅速に対応しにくいのに対し、大理院は常設機関であり、その手続きも迅速であることが指摘された[2]。また、王正

---

[1] 前掲憲法会議速記録第十一号（1916年9月5日）37頁、前掲憲法案総説明書　総説明書一（起草委員長湯漪提出）67頁。
[2] 憲法会議速記録第四十七号（1917年4月18日）『憲法会議公報』第四六冊 1917年69頁、呉宗慈編集『中華民国憲法史（前編）』上海大東書局1923年191頁。

司法権観念の中国的特質

廷（アメリカ留学経験者）も曹玉徳の提案に賛成し、その理由として、「全員の三分の二以上の出席がなければ開会できず、出席者の四分の三以上の同意がなければ議決できない」という天壇憲草113条2項の規定のもとで、憲法会議が憲法解釈を議決しにくいこと、国会議員が過半数で法律を可決した後、憲法会議の構成員として四分の三の多数でその法律を違憲とすることはできないこと、国会のなかで多数派の政党がのちに少数派になることもあり得ることを指摘した[1]。

それに対し、呂復（早稲田大学、明治大学留学生）は曹玉徳の提案に反対する立場から、国会で否決された外務大臣（中国語：外交総長）の人事案について同じ会期中に再び提出することができるかという直近の事案を取り上げ、そのような憲法解釈問題の性質から見れば、憲法解釈権は勿論、司法機関でなく、立法機関に属すべきだと指摘した[2]。秦広礼は司法権独立の現実問題を取り上げ、曹玉徳の提案に反論した。「我が国の国情面について考えてみると、将来司法が果して独立し、実力を持って不正を防ぐことができるかどうかは問題である。過去の事実で述べてみよう。民国2年の時、大理院が法理に基づいて約法を解釈できていれば、国会は解散されなかっただろう。袁世凱も帝制回復に踏み出さなかっただろう……大理院は行政府の外に立っていなければ、解釈する実力もないであろう」[3]。湯漪も、国情の違いから次のように反論した。「外の学者の研究として、王寵恵の著書『憲法芻議』がその説を有力に提唱している。私は、アメリカ

---

〔1〕 前掲憲法会議速記録第四十七号（1917年4月18日）71—73頁、憲法会議第四十八次会議速記録（1917年4月20日）『憲法会議公報』第四六冊1917年76—77頁。

〔2〕 前掲憲法会議速記録第四十七号（1917年4月18日）70頁。

〔3〕 前掲憲法会議第四十八次会議速記録（1917年4月20日）86—88頁。

において大理院に憲法解釈を譲るのは歴史に基づくものであり、この制度がとても良いとするなら、根本的な間違いであると考える……アメリカの法律系統は沿革や情勢により四つに区分される。第一は合衆国憲法、第二は各州の憲法、第三は中央の議会で議決された法律、第四は各州の議会で議決された法律である……中国の法律は一つの系統しかなく、アメリカの状況とは大きく違うから、大理院を憲法解釈機関とする必要がないのではなかろうか」[1]。

また、「司法による憲法解釈」の考え方を採り入れた折衷説もある。前述したように、かつて天壇憲草の起草過程において、憲法起草委員会の委員張耀曾は憲法会議説の立場を取りながら、「王寵恵の所説は、実際には裁判所の法律審査権の有無という問題に含まれているのであって、憲法解釈（権）がどの機関に属すかという問題とは、別々に論じるべきである」と指摘したことがある。しかし、違憲立法の審査が常に単純な法律問題ではなく、憲法争議の解決に繋がる可能性もあり得るだろう。1916年の国会再開に際して、張東蓀（東京帝国大学留学生）は憲法私案を公表し、そのなかで「大理院が憲法を解釈し、紛争があるとき、憲法会議がこれを決定する」（116条）と提案した[2]。このような考え方は、憲法会議による天壇憲草の審議過程にも見られる。蔣義明（早稲田大学留学生）は、最初の解釈権を大理院に付与し、最終的解釈権を憲法会議に留保させるなら、司法の独立に寄与すると提言し[3]、陳家鼎（早稲田大学留学生）も、大理院が憲法を解釈し、不服がある場合、憲法会議が解釈すると主張

---

[1] 前掲憲法会議第四十八次会議速記録（1917年4月20日）81—83頁。
[2] 張東蓀「憲法草案修正案商権書（続）」民国日報1916年9月7日7頁。
[3] 前掲憲法会議第四十八次会議速記録（1917年4月20日）90頁。

した〔1〕。また、楊永泰も、最初の解釈権を大理院に付与し、議員全体の三分の二が大理院の解釈を不適切とする場合、憲法会議が憲法を解釈すると主張した〔2〕。

憲法会議の起立採決の結果、曹玉徳の修正動議が否決されたが〔3〕、憲法会議が容易に憲法解釈案を議決できるように、「但し、疑義の解釈について、出席者の三分の二の同意で決することができる」という但書を追加する湯漪、王玉樹、丁象謙（早稲田大学、中央大学留学生）の修正動議が可決された〔4〕。

湯漪による天壇憲草の趣旨説明に対しては、民間の「司法による憲法解釈」論者から批判が寄せられた。郁嶷（早稲田大学卒業）は1916年に「憲法解釈権が裁判所に属すべきだということについて」と題する論文の中で、湯漪による天壇憲草の趣旨説明に列挙された三つの理由に対して逐一反論した。理由一に対して「普通の法律は国会により制定され、その解釈権が諸国の通例として裁判所に属し、国会が自ら解釈することを要しないが、憲法も法律であり、それと特に異なることがない」とし、理由二に対して「憲法が制定された後、議員が数回改選されてからは、制憲者がいなくなり、憲法会議はその構成員が交代され、如何にして当初の立法者の本意および憲法の精神を明瞭にするのか」とし、理由三に対して「国会議員が常に党派により操縦され、党同伐異のもとで少数者が多数者に吸収されてしまう（議員が民間から選出される者であり、法理に精通する者はとても少ない）のに対し、裁判所の場合、人数が少ないが、この弊害

---

〔1〕 前掲憲法会議第四十八次会議速記録(1917年4月20日)79―80頁。
〔2〕 前掲憲法会議第四十八次会議速記録(1917年4月20日)85―86頁。
〔3〕 前掲憲法会議第四十八次会議速記録(1917年4月20日)91頁。
〔4〕 前掲憲法会議第四十八次会議速記録(1917年4月20日)105頁。

が決してない」と指摘した〔1〕。その上で、国体問題の事件についても反論を行った。「袁世凱が暴力を振るった当時、民衆がそれに服し、裁判所がその支配を受けたのみならず、国会も独立できなかった。正式大統領の選挙に際して、軍警に囲まれる中で、議員全員は投票の自由を束縛された。この事実により、国会が政府に支配され、大統領選挙権を付与されても行使できないから、今後この権限を与えないという理屈はあり得るだろうか……国の政治上、特別な暴力が盤踞（とぐろを巻く：筆者注）するとき、恣意的に違法な干渉を行うなかで、憲法解釈権を憲法会議に属させても裁判所に属させても、実際にはともに行使できない。それを一つの機関のせいにするとしたら、それは（いわば）冤罪ではなかろうか」〔2〕。

そもそも政治問題は司法権の限界を超えるから、大理院が最高裁判所として国体問題の事件を受理しなくても、不適切とはいえないであろう。しかし、天壇憲草が期待する憲法解釈制度の機能は、まず第一は憲法争議の解決であり、違憲立法の審査はその次であったから、裁判所が理想的な憲法解釈機関として成り立てないのは、むしろ当然の成り行きであったと言えるであろう。

このような制度趣旨を受け、第二期国会の憲法起草委員会が1919年8月20日に『中華民国憲法草案』（憲法草案修正案ともいう）を作成した。この憲法草案修正案は基本的に天壇憲草を受け継いだが、憲法解釈権の所属機関を衆参両院の議員により構成された憲法会議から、多元的な構成員により組織された特別会議

---

〔1〕 郁嶷「論憲法解釈権応属於法院」憲法公言第2号（1916年）2—3頁。
〔2〕 前掲郁嶷「論憲法解釈権応属於法院」3—4頁。

へと変更し、「政治裁判所」〔1〕の色彩をいっそう明白に示した。すなわち、「憲法について疑義があるとき、下記の者によって組織された特別会議がこれを解釈する。（一）参議院議長、（二）衆議院議長、（三）大理院長、（四）平政院長、（五）会計審査院長。」（101条）。その理由について、憲法草案説明書には、下記の指摘がある。「憲法会議が憲法を解釈することは、誠に新たな局面を切り開いたとはいえよう……解釈権を国会または国会両院により組織された憲法会議に属させるのは、原告が被告を裁判するにほかならない……裁判所に付与するのも、疑義がある。裁判所が行政、立法と並列する機関であり、ほかの機関の上に立って強制解釈の権力を取得できないことが、疑義の一つ目である。裁判所は政府に委任された官吏によって構成されるから、偏向がないといえるかが、疑義の二つ目である。裁判官は一般の法律を解釈する責任を負い、必ずしも憲法に精通しないことが、疑義の三つ目である」〔2〕。

天壇憲草上の憲法会議の問題性について、汪馥炎（法政大学卒業）も、「全員の三分の二以上の出席がなければ開会できず、出席者の四分の三以上の同意がなければ議決できない」（天壇憲草113条2項）こと、国会の閉会期間中、法令違憲の事件に対応できないことを指摘した上で、湯漪による天壇憲草の趣旨説明に列挙された三つの理由に対しても逐一反論した。理由一に対して、「どの機関も憲法の意思に基づき存在し、それ自身には意思がなく、憲法の意思を表示しそれを執行するに過ぎない。我々は大理

---

〔1〕 程樹徳『比較憲法』上海華通書局 1931 年 49 頁は、ドイツの憲法裁判所を「政治裁判所」と表現した。

〔2〕 「中華民国憲法説明書」国憲起草委員会事務処編『草憲便覧』1925 年付録下 58 頁。

院による憲法意思の解釈について、それが正確かどうかのみを問い、侵入（越権：筆者注）するかどうかを問わない」とし、理由二について、「憲法会議の議員も任期があり、数年ごとに変わるから、数年後の新任の議員は数年前の前任の議員に制定された憲法を解釈する場合、望文生義（字面だけを見て当て推量の解釈をすること：筆者注）、牽強付会（無理にこじつけること：筆者注）の弊害は憲法会議も避けられないだろう」とし、理由三に対して、「立法、行政、司法はともに国家の機関であり、人民の意思を代表する……裁判官の憲法解釈は裁判官の個人の意思ではなく、憲法の原意を表示するものである……大理院の裁判官が参議院の同意を経て任命され、大理院が最高司法機関となり、政府からの干渉を受けず、憲法解釈権をもつなら、憲法を擁護できないことはないであろう」と指摘した[1]。ただ、ここで汪馥炎は司法審査制的な「司法による憲法解釈」を主張するわけではなく、中国が連邦国家でない以上、アメリカのように各州の最高裁判所に憲法解釈権を認める必要がなく、大理院のみに最終的憲法解釈権を認めるべきだと提唱するのであり[2]、特別機関による憲法解釈と変わらない。

　その後、北京政府の政権交代が頻繁となり、1928年には国民革命軍の北京進入より終焉となった。その間には、1923年秋、軍閥間の戦争に勝利した曹錕が大規模な買収活動を通じて第1期国会議員を招集し、大統領に選任された。三度開かれた憲法会議は天壇憲草を可決し、曹錕の就任式当日（1923年10月10日）に「中華民国憲法」を公布したが、間もなく曹錕が戦争に敗れ北京を退出したことで、この憲法は施行されなかった。

---

　〔1〕　汪馥炎「憲法之修正與解釈」新中国 1 巻 2 号（1919年）18—21 頁。
　〔2〕　前掲汪馥炎「憲法之修正與解釈」21—22 頁。

五　むすびにかえて

　中華民国臨時約法は、国会に憲法制定権力を付与し、当時、西欧で流行っていた議会主権論を反映した。そのもとで、立法権を行使する国会議員たちが憲法制定権力を行使するので、立法者の意思（法律）が憲法制定機関の意思（憲法）に違反する問題は論理上成り立たず、権力分立論に立脚した「司法による憲法解釈」論も、反議会主義的なものとして「危険」と見られた。そのため、憲法解釈権の帰属について、憲法草案では憲法制定機関とするか特別機関とするかで揺れ動いたが、「司法による憲法解釈」論を拒絶する姿勢は変わらなかった。1923年中華民国憲法は中央と地方との間の立法権限をめぐって「争議があるとき、最高法院がこれを裁決する」（26条）[1]と定めたが、それは最高法院が具体的事件を裁判するのではなく、立法権限の配分を裁判する特別機関としての権限をめぐる規定であるから、「司法による憲法解釈」論に期待された司法審査制とは無関係であった。そして、司法審査制の不備により、法律の留保のもとで、基本的人権が法律に留保されるものとなり、憲法が基本的人権の救済に役立たず、憲法解釈権の機能も違憲立法の審査でなく、憲法争議の解決と観念されるようになった。

　王寵恵の「司法による憲法解釈」論は天壇憲草や1923年中華民国憲法に採用されなかったが、中国憲法学の生誕期に「誰が憲法を解釈するか」という問題意識を提示したのが、その最大の貢献とはいえよう。

---

　　〔1〕　前掲夏新華ほか編集『近代中国憲政歴程——史料荟萃』524頁。

注意すべきは、「司法による憲法解釈」をめぐる論議のなかで、「司法」が裁判官でなく、裁判所ひいては最高裁判所たる大理院であるという理解が一般であったことである。確かに、王寵恵がいう「法院」は英文のcourtから翻訳されたもので、彼自身が「法院」を法廷、裁判官と同一視していたのかもしれないが、中国では、官民関係のもとで、裁判官への就任は官僚となることと見做されている。今日でも、裁判官になるためには司法試験の次に、公務員試験も受験しなければならないのであるが、それは、中国の法制度が近代化する当初から形成された観念に基づく。例えば、1906年からの9年間、清王朝の法制改革の顧問としてもっとも長く中国に滞在した岡田朝太郎は、京師法律学堂での講義録のなかで、司法と行政の区別を司法の独立性に帰結し、裁判性を強調しなかった。「審判訴訟は、法執行（すなわち広義の行政）の一部である。それ故、通常裁判所も行政官庁である。しかし、裁判が公平になるようにするために、まずそれを威迫、誘惑の外に立たせなければならない。これは裁判所が他の官庁と離れて独立した司法機関となる所以である。（解説）裁判所は普通に司法機関と称される。司法とは、法律の執行という意味を指す。それ故、広義の意味では、裁判所も行政機関である。しかし、狭義の意味では、裁判所が独立の司法機関であり、独立は司法機関の特色である」[1]。ここでは、裁判所も法執行機関と位置付けられ、ヨーロッパの「行政型司法」の観念を反映している。そのもとで、司法権が裁判作用ではなく、法執行作用と位置付けられた以上、法律の執行者と見做された裁判官による違憲審

---

[1] 岡田朝太郎口述、熊元翰編、魏瓊点校『法学通論　憲法行政法』上海人民出版社 2013 年 53 頁。　岡田朝太郎著、張孝杙訳『法学通論』東京冨山房、有斐閣 1908 年 100 頁。

査権あるいは法律拒絶権、法律選択権の行使は容認されない。また、司法官僚システムの中で、裁判官が独立し、個人の判断を行うことが充分保障されず、裁判官の判断は常に長官の判断、機関の判断を反映するものと見做されるから、アメリカのような「司法による憲法解釈」論は中国に伝来された後、裁判所による憲法解釈へと変貌するようになったのである。

王寵恵は『中華民国憲法芻議』を刊行した後、北京政府の大理院長、内閣総理、南京国民政府の司法院長、外務大臣（中国語：外交部長）、国際司法裁判所（ICJ）の判事などの職を転々として、1958年に司法院長の任期中、台湾でその多彩的な官僚の生涯を終え、法学界にも豊富な遺産を残した。司法官僚の任期中、彼は司法の独立を実現させるように、広く全国的に下級裁判所の設置を推し進めたが、その努力は行政機関からの裁判所の独立に傾注され、後に国民政府時期（1925年～1948年）には「司法党化」（裁判官が法律を適用する際に国民党の方針を重視するという「党義化」と、司法機関の人員が国民党の党員になるという「党員化」を指す：筆者注）の雰囲気のなかで、裁判官の独立についてはほとんど言及することはなかったのである。1948年、彼は憲法施行後の初代司法院長に就任したが、大法官会議の主席を務めながらも、大法官ではなかった[1]。 1947年の中華民国憲法は、司法院大法官が憲法を解釈すると規定しているが、最高法院が司法院に統合されなかった結果、司法院の大法官が具体的事件を離れて、憲法を抽象的に解釈する役割を果たすようになったことに対して、王寵恵はそのような「司法による憲法解釈」を拒絶したのではないだろうか。

---

[1] 翁岳生「王寵恵與両岸法治文化」孫佑海編『王寵恵法学思想研究文集』天津大学出版社 2018年 16 頁は、王寵恵の台湾法制への影響について次のように紹介した。「(1)王寵恵は1946年1月に重慶で開催された各党派政治協商会議で決められた憲法起草委員の1人である。 同年11月に制憲国民大会が開催され、彼は制憲国民大会の代表かつ憲法草案第三審査会の招集者であり、大統領、行政、立法の三章の審査について責任を負う。(2)1948年、王寵恵は憲法施行後の初代司法院長に就任し、同年9月15日に大法官第一回会議が『司法院大法官会議規則』を採択した。1949年1月6日に大法官がはじめて解釈権を行使し、釈字第1号解釈と釈字第2号解釈を下した。(3)1952年初頭、台湾に来られ会議に出席できるのが胡伯岳、蘇希洵の2人しかいなかった。 そのため、新たに7名の大法官が指名され、もって開会の定足数に達する。 王寵恵は大法官ではなかったが、大法官会議の主席を務めた。 可否同数の場合、彼によって決められる。 王寵恵は出席できないとき、大法官の互選により1人が主席となる。 それ故、9名の大法官が王寵恵と一緒に大法官会議を構成し、1952年4月14日に台湾で初回の会議を開催し、当時の需要に合うように大法官会議規則を修正した。」

参考文献

（一）著作类

1. 王宠惠：《中华民国宪法刍议》，南华书局1913年版。

2. 王世杰：《比较宪法》，商务印书馆1933年版（上海书店1989年影印本）。

3. 王世杰、钱端升：《比较宪法》，中国政法大学出版社1997年版。

4. 钱端升等：《民国政制史》，商务印书馆1945年增订版（上海书店1989年影印本）。

5. 吴宗慈：《中华民国宪法史》，台联国风出版社1973年版。

6. 荆知仁：《中国立宪史》，联经出版事业股份有限公司1984年版。

7. 谢振民编著：《中华民国立法史》，中国政法大学出版社2000年版。

8. 潘树藩：《中华民国宪法史》，商务印书馆1935年版。

9. 杨幼炯：《近代中国立法史》，商务印书馆1936年版（上海书店1989年影印本）。

10. 王云五：《国民大会躬历记》，台湾商务印书馆1966年版。

11. 罗志渊：《中国宪法史》，台湾商务印书馆1967年版。

12. 阮毅成：《制宪日记》，台湾商务印书馆1970年版。

13. 雷震：《雷震全集第 23 卷：制宪述要》，桂冠图书公司 1989 年版。

14. 陈之迈：《中国政府（第一册）》，商务印书馆 1946 年版（上海书店 1991 年影印本）。

15. 管欧：《法院组织法论》，三民书局 1990 年版。

16. 史庆璞：《法院组织法新论》，三民书局 2001 年版。

17. 张晋藩主编：《中国司法制度史》，人民法院出版社 2004 年版。

18. 韩秀桃：《司法独立与近代中国》，清华大学出版社 2003 年版。

19. 胡长清：《中国民法总论》，中国政法大学出版社 1997 年版。

20. 前南京国民政府司法行政部编：《民事习惯调查报告录》，中国政法大学出版社 2000 年版。

21. 中国台湾地区"司法院"大法官秘书处编：《司法院大法官释宪四十周年纪念论文集》，"司法院" 1988 年版。

22. 中国台湾地区"司法院"大法官秘书处编：《司法院大法官释宪五十周年纪念论文集》，"司法院" 1998 年版。

23. 林纪东：《中华民国宪法逐条释义（三）》，三民书局 1991 年版。

24. 林纪东：《中华民国宪法逐条释义（四）》，三民书局 1990 年版。

25. 林纪东：《大法官会议宪法解释析论》，五南图书出版公司 1983 年版。

26. 萨孟武：《中国宪法新论》，三民书局 1974 年版。

27. 法治斌、董保城：《宪法新论》，元照出版公司 2004 年版。

28. 林子仪：《权力分立与宪政发展》，月旦出版社 1993 年版。

29. 翁岳生：《法治国家之行政法与司法》，月旦出版社 1994 年版。

30. 汤德宗：《权力分立新论》，元照出版公司 1998 年版。

31. 许志雄：《宪法秩序之变动》，元照出版公司 2000 年版。

32. 苏永钦：《走入新世纪的宪政主义》，元照出版公司 2002 年版。

33. 李鸿禧教授六秩华诞祝贺论文集编辑委员会编：《现代国家与宪法——李鸿禧教授六秩华诞祝贺论文集》，月旦出版社 1997 年版。

34. 翁岳生教授祝寿论文集编辑委员会编：《当代公法新论——翁岳生教授七秩诞辰祝寿论文集》，元照出版公司 2002 年版。

35. 朱武獻：《公法专题研究（一）》，辅仁大学法学丛书编集委员会 1986 年版。

36. 周世辅、周阳山：《中山思想新诠——民权主义与中华民国宪法》，三民书局 1992 年版。

37. ［英］洛克著，叶启芳、瞿菊农译：《政府论（下篇）》，商务印书馆 1964 年版。

38. ［美］汉密尔顿、杰伊、麦迪逊著，程逢如、在汉、舒逊译：《联邦党人文集》，商务印书馆 1980 年版。

39. ［美］小詹姆斯·R. 斯托纳著，姚中秋译：《普通法与自由主义理论——柯克、霍布斯及美国宪政主义之诸源头》，北京大学出版社 2005 年版。

40. Alexander Hamilton, James Madison, John Jay, *The Federalist Papers*, Cutchogue, New York: Buccaneer Books, 1992.

41. Mauro Cappelletti, *Judicial Review in the Contemporary World*, Indianapolis: Bobbs-Merrill, 1971.

42. 芦部信喜『憲法訴訟の理論』有斐閣 1973 年。

43. 芦部信喜『現代人権論——違憲判断の基準』有斐閣 1974 年。

44. 芦部信喜『憲法訴訟の現代的展開』有斐閣 1981 年。

45. 芦部信喜編『講座憲法訴訟』有斐閣 1987 年。

46. 芦部信喜『人権と憲法訴訟』有斐閣 1994 年。

47. 芦部信喜著、高橋和之補訂『憲法』岩波書店 2002 年。

48. 家永三郎『司法権独立の歴史的考察』日本評論社 1967 年。

49. 市川正人・酒巻匡・山本和彦『現代の裁判』有斐閣 2004 年。

50. 伊藤正己『裁判官と学者の間』有斐閣 1993 年。

51. 浦部法穂『憲法学教室』日本評論社 2000 年。

52. 奥平康弘『憲法裁判の可能性』岩波書店 1995 年。

53. 小野清一郎・團藤重光『中華民国法院組織法』有斐閣 1945 年。

54. 梶川俊吉『中華民国司法制度——治外法権に関する研究』司法研究所 1943 年。

55. 工藤達朗編『ドイツの憲法裁判——連邦憲法裁判所の組織・手続・権限』中央大学出版部 2002 年。

56. 憲法理論研究会編『違憲審査制の研究』敬文堂 1993 年。

57. 憲法理論研究会編『憲法 50 年の人権と憲法裁判』敬文堂 1997 年。

58. 小林武『憲法判例論』三省堂 2002 年。

59. 小林直樹『憲法講義（下）』東京大学出版会 1968 年。

60. 作本直行・今泉慎也編『アジアの民主化過程と法——フィリピン・タイ・インドネシアの比較』アジア経済研究所 2003 年。

61. 韓國憲法裁判所著、徐元宇ほか訳『韓國憲法裁判所 10 年史』信山社 2000 年。

62. 佐々木雅寿『現代における違憲審査権の性格』有斐閣 1995 年。

63. 渋谷秀樹『憲法訴訟要件論』信山社 1995 年。

64. 台湾総督官房調査課編『変通自在ナル中華民国司法制度』1920 年。

65. 田岡良一『大津事件の再評価』有斐閣 1983 年。

66. 田中和夫『英米法概説』有斐閣 1981 年。

67. 辻村みょ子『憲法』日本評論社 2000 年。

68. 辻村みょ子『比較憲法』岩波書店 2003 年。

69. 戸松秀典『憲法訴訟』有斐閣 2000 年。

70. 中村睦男・常本照樹『憲法裁判 50 年』悠々社 1997 年。

71. 野中俊彦『憲法訴訟の原理と技術』有斐閣 1995 年。

72. 畑尻剛『憲法裁判研究序説』尚学社 1988 年。

73. 樋口陽一『司法の積極性と消極性——日本国憲法と裁判』勁草書房 1978 年。

74. 樋口陽一『比較憲法』青林書院新社 1984 年。

75. 樋口陽一編『講座憲法学第 6 巻権力の分立 2』日本評論社 1995 年。

76. 樋口陽一・山内敏弘・辻村みょ子『憲法判例を読みなおす——下級審判決からのアプローチ』日本評論社 1994 年。

77. 樋口陽一・吉田善明編『解説・世界憲法集』三省堂 1994 年。

78. 松井茂紀『アメリカ憲法入門』有斐閣 2000 年。

79. 宮澤俊義『憲法と裁判』有斐閣 1967 年。

80. 宮澤俊義・田中二郎『中華民国憲法確定草案』中華民國

法制研究會 1936 年。

81. 元山健・倉持孝司編『現代憲法——日本とイギリス』敬文堂 2000 年。

82. 読売新聞社編，西修資料監修『憲法——21 世紀に向けて』読売新聞社 1994 年。

83. 和田英夫『大陸型違憲審査制』有斐閣 1994 年。

84. 植野妙実子編訳『フランス公法講演集』中央大学出版部 1998 年。

85. ロック著、鵜飼信成訳『市民政府論』岩波書店 1968 年。

86. L. ファヴォルー著、山元一訳『憲法裁判所』敬文堂 1999 年。

(二) 论文类

1. 杨幼炯：《近代中国司法制度》，载《中华法学评论》第 1 卷第 5、6 合并号（1937 年）。

2. 黄源盛：《民初大理院司法档案的典藏整理与研究》，载《政大法学评论》第 59 期（1998 年）。

3. 黄源盛：《民初大理院》，载《政大法学评论》第 60 期（1998 年）。

4. 夏锦文、秦策：《民国时期司法独立的矛盾分析》，载《南京社会科学》1999 年第 5 期。

5. 李峻：《论北洋政府时期的司法独立》，载《南京社会科学》2000 年第 10 期。

6. 杨与龄：《宪法及五五宪草之司法院暨现制之改进》，载《法律评论》第 53 卷第 7 期（1987 年）。

7. 张特生：《大法官会议的经验谈及改进意见》，载《宪政时代》第 22 卷第 4 期（1997 年）。

8. Mauro Cappelletti, "Judicial Review of Legislative Action in Eu-

rope", in E. G. Baldwin eds, *The Cambridge Lectures 1983*, Boston: Butterworth, 1985.

9. 楊日然「中華民国大法官会議の組織と機能」ジュリスト 999 号（1992 年）。

10. 芦部信喜「憲法学における憲法裁判論」法学協会雑誌 113 巻 8 号（1996 年）。

11. 君塚正臣「付随的違憲審査制の活性化に向けて」関西大学法学論叢 52 巻 6 号（2003 年）。

12. 市川正人「日本における違憲審査制の軌跡と特徴」立命館法学 294 号（2004 年）。

13. 浦部法穂「違憲審査制の構造と機能」樋口陽一編『講座憲法学第 6 巻権力の分立 [2]』日本評論社 1995 年。

14. 栗城壽夫「憲法裁判の機能」ジュリスト 1076 号（1995 年）。

15. 阪口正二郎「法の支配・裁判官と政治」法律時報 67 巻 6 号（1995 年）。

16. 初宿正典「学界展望・憲法」公法研究 57 号（1995 年）。

17. 戸波江二「ドイツ連邦憲法裁判所の現状とその後」ジュリスト 1037 号（1994 年）。

18. 戸波江二「司法権・違憲審査制論の 50 年」樋口陽一・森英樹・高見勝利・辻村みよ子編『憲法理論の 50 年』日本評論社 1995 年。

19. 永田秀樹「ヨーロッパの憲法裁判所と日本の憲法裁判所構想」法律時報 70 巻 1 号（1998 年）。

20. 中村睦男「憲法裁判の現状と課題」法曹時報 47 巻 2 号（1995 年）。

21. 水島朝穂「読売『憲法改正試案』にもり込まれた危険な

意図」法学セミナー 481 号（1995 年）。

22. 諸根貞夫「人権軽視の統治正当化システム構想——憲法裁判所創設と改正条項軟性化のねらい」法と民主主義 297 号（1995 年）。

23. 横田耕一「違憲審査制の性格とその運用」ジュリスト 1089 号（1996 年）。

24. 渡辺治「読売『憲法改正試案』の政治的意味とオルタナティヴの道」法学セミナー 481 号（1995 年）。

(三) 资料类

1. 政学社编：《大清法规大全法律部卷七》，考正出版社 1972 年版。

2. 大理院：《大理院议事章程》，大理院书记厅 1919 年。

3. 郭卫编：《大理院判决例全书》，成文出版社 1972 年版。

4. 郭卫编：《大理院解释例全文》，成文出版社 1972 年版。

5. 中国台湾地区"司法院"解释编辑委员会编：《司法院解释汇编（第一册~第五册）》，"司法院"秘书处 1989 年。

6. 立法院中华民国宪法草案宣传委员会编：《中华民国宪法草案说明书》，正中书局 1940 年版。

7. 国民大会秘书处编印：《国民大会实录》，国民大会秘书处 1946 年。

8. 郭卫编：《中华民国宪法史料》，文海出版社 1973 年版。

9. 张耀曾、岑德彰编：《中华民国宪法史料》，文海出版社 1981 年版。

10. 商务印书馆编：《中华民国现行法规大全》，商务印书馆 1933 年版。

11. 张知本编：《最新六法全书》，大中国图书公司 1956 年版。